张建有 著

理财巧方法
-草根刘三是怎样炼成的

中国商业出版社

图书在版编目（CIP）数据

理财巧方法：草根刘三是怎样炼成的 / 张建有著
. -- 北京：中国商业出版社，2016.11
ISBN 978-7-5044-9625-6

Ⅰ．①理… Ⅱ．①张… Ⅲ．①私人投资－通俗读物 Ⅳ．①F830.59-49

中国版本图书馆CIP数据核字(2016)第243444号

责任编辑：陈鹰翔

理财巧方法：草根刘三是怎样炼成的

出版 / 中国商业出版社出版发行
地址 / 北京市西城区报国寺1号
邮编 / 100053
发行 / 新华书店总店经销
印刷 / 北京爱丽精特彩印有限公司
开本 / 720×1000 毫米 1/16
印张 / 15.5
字数 / 128 千字
版次 / 2017 年 2 月第 1 版 2017 年 2 月第 1 次印刷
定价 / 39.80 元

（如有印装质量问题，请与发行部联系调换）

前　言

这几年随着人们财富的增多，人们对理财谈论的多了起来，但是几年来股票市场的大起大落，又使人们对理财很迷茫，有的人觉得理财很神秘，有的人觉得理财也没有什么。人们都很想知道什么是理财，怎样去理财？看一些专业书籍，又觉得一些专业术语很难懂，叫人看不下去。其实，看过本书后你就会觉得理财并不难懂，理财也不复杂。

本书以汉初刘邦的故事为底衬，用讲故事的方法把一些理财知识贯穿其中，让人们不再为一些难懂的理财知识发愁。当然本书用刘邦的俗名刘三，正是说明理财是和我们的日常生活相关联的，理财也并不神秘。但愿这本书能让读者在茶余饭后增长一点理财知识，以使读者能更好地打理自己的财富。

当然由于理财博大精深，涉及许多知识，本书只是抛砖引玉，书中错误在所难免，欢迎指正。

目录 Contents

前言 ·· 1

目录 ·· 3

引子 ·· 7

一、理财先把脑袋格式化 ·· 13

  1. 脑袋冲动，口袋松动，后果很严重 ·· 15

  2. 五十岁才明白,人生该早点理财 ·· 18

  3. 理财就要练就神仙一把抓 ·· 23

  4. 理财不是自己的事 ·· 25

  5. 鸡蛋只能放在三个篮子里 ·· 28

二、理财在行动 ·· 31

  1. 理财师的修炼 ··· 33

  2. 怪老头给张良理财秘籍精华 ·· 38

  3. 身诚不是诚，心诚才能灵 ·· 42

三、用一天的时间盘点自己 ·· 47

  1. 盘点自己身外之物 ·· 49

  2. 八级大风把你的财富刮走，你会哭吗？ ······································ 52

  3. 理财的目标就是一个数字 ·· 58

四、松鼠式理财方式 ·· 61

  1. 笨松鼠的理财 ··· 64

  2. 灵巧松鼠的理财 ·· 65

  3. 有眼光松鼠的理财 ·· 66

目录 Contents

五、兔子的理财方式 ··· 73
    1. 小白兔闲理财 ·· 75
    2. 刘仲的醒悟 ·· 76
    3. 怎样选基金 ·· 79
    4. 买卖基金要做到心中有数 ······················ 81
    5. 投资基金赔钱后怎么补救 ······················ 84
    6. 基金定投是个好方法 ····························· 86
    7. 刘三给刘仲喝鸡汤 ································· 87

六、蜘蛛的理财 ··· 93
    1. 刘老汉顿悟理财需要个特色网 ·············· 95
    2. 刘老汉的金色蜘蛛网 ····························· 97

七、老虎理财——项三 ·· 99
    1. 牛人项三——舞台有多大，心就有多大 ········ 101
    2. 理财要自己说了算 ······························· 103
    3. 项三的第一桶金 ··································· 107
    4. 项三成功做庄 ······································· 111

八、猎人的理财方式—刘三 ································ 121
    1. 刘三得老婆的内幕 ······························· 123
    2. 韩国投资公司的破产 ··························· 129
    3. 刘三稳赚的打法 ··································· 135

目录 Contents

九、吕雉和虞姬黄金投资智慧对比 ······141
    1. 吕雉和虞姬的投资 ············· 143
    2. 戚姬的炒金总结 ············· 150

十、刘项对决 ························ 155
    1. 红门密谋 ··················· 157
    2. 刘项对决 ··················· 162
    3. 韩信的偷天换日 ············· 166
    4. 刘项的最后较量 ············· 171

十一、吕雉的眼光—保险不能少 ······179
    1. 吕雉烦恼的解决办法 ········· 181
    2. 吕雉妹妹取得的保险经 ······· 184

十二、戚姬的教育规划 ·············· 189
    1. 吕雉想寻后悔药 ············· 191
    2. 刘如意的教育规划 ··········· 200

十三、戚姬的税务规划 ·············· 205
    1. 戚姬的难题 ················· 207
    2. 刘如意的税务规划 ··········· 210

十四、刘三的养老规划 ·············· 215
    1. 理财师的道德风险 ··········· 217
    2. 刘三的遗产规划 ············· 222

目录 Contents

十五、张良的理财秘籍 ·· 227
  1. 理财当中巧计几个数字 ·· 229
  2. 啥时候买卖得告诉你 ·· 231
  3. 张良最后的忠告 ·· 236
后记 ·· 241

引子

话说刘三就是那更了名改了姓的汉高祖，人们都认为是这小子发了财，改了名、更了姓。其实不然，这小子年轻时穷困潦倒，以赌为业，后来在赌场欠了一屁股债，被人追债，为了躲债万不得已改名刘三。

先说一说刘三赤条条无牵挂的出去躲债的事。这人生就犹如投资，不可能天天赚得盆满钵满，但也不会天天赔钱。人生如戏全靠演技吗，人一生的财富，光演戏是不够的，还需要你高超的技术。

这人生的轨迹和股市中股价的走势也一般无二。不会总是牛市，也不会总是熊市，刘三是相信有命上梁山、没命摔下来的主。

传说这刘三被人逼债走上了逃亡之路，可是贵人自有大助，天下没有饿死的瞎家雀儿。这一天，刘三正向前走着，正发愁今天的晚餐在哪里呢，忽然看到前方有一位白发苍苍的老者，眉毛胡须须发皆白，背着一个褡裢，一看就像是有银子的，离远看一身仙风道骨，近看则面色红润。

刘三一看，这像个有钱的主，今晚就吃他了，刘三拿定主意，上前说："老神仙，我帮你拿着褡裢，让你轻松走路，谁让我们是同路呢。"说着就要去抢褡裢，老者笑了，从褡裢拿出500文来，对刘三说："褡裢你就不必给我背了，这500文钱，你到前面买点吃食，再定个店，这些也够我俩今晚用了，我随后就到。我发现你大耳垂肩，手臂过膝，尤其是你这小手指长的和中指要一样长了，你这是富贵命啊，不该这么穷困潦倒啊。"

理财巧方法
-草根刘三是怎样炼成的-

刘三笑了,"借你吉言,谢谢你的钱,我到前边等你。"刘三心想,幸亏我没早动手,如果我早出手谁知会出现什么后果,这老头有意思,给了我500文钱,我要让这500文给我多弄点钱来。不说刘三接过钱来美滋滋的走了,再说这老者,心里也暗暗松了一口气,有了这500文钱买个平安,也不算贵,看来这小子还没到穷凶极恶的地步。目送刘三离去,看着刘三的背影,老者吃了一惊,原来这小子是鹿背,鹿背刚刚形成,需要贵人相助,才能大富大贵,看来我还是帮他对了。

这老者对刘三来了兴趣。再说刘三拿着这500文,没有急着去订旅馆,也没有去买饭,而是买了一副围棋,刘三在路上就想好了,我把这500文再赌一把,兴许就能翻身呢,可是又转念一想,不行,500文就算把把赢又能赢得多少,本钱就这么一点点,不如我自己买一副围棋,自己下残棋,凭自己的赌艺,以后吃饭的问题就不用发愁了。

刘三拿定主意,说干就干。刘三很快买来围棋,在一个繁华的街口,摆起了残棋来。也亏这刘三棋艺高超,不几个回合,刘三已有2000文进账了。这老者在旁边已看了很久,刘三光注意和别人下残棋了,也没有注意到老者的到来,老人拍了拍刘三的肩膀,"小伙子,我们订的房呢?"刘三一看是给他钱的那位,高兴地对老人说:"老神仙,我们现在就去最豪华的饭店狠狠地吃他一顿,老神仙你别嫌我用你的钱来做这投机的玩意,俗语说,有钱的人,可以投机。钱少的人,不可以投机。根本没钱的人,必须投机。我现在就是没钱的人,当然必须投机了。"

两人选了最好的饭店吃了一顿,在吃饭中间,老人又仔细看了看刘三的面相,头顶头发稀疏、光亮、浑圆,耳朵上半部稍微突出,耳角胖嘟嘟,大耳垂伦,额头宽广,颜色淡红光亮,一看就是富贵之相,老人对刘三说:"我说小伙子,看你这面相,你不是久困之人,如你能痛改前非,今后走一条自新路，你的前途将无法限量。"

刘三来了兴趣，"我从小老爸就说我头发稀，吃一辈子好东西，可是现在我好东西是没少吃，可是吃完了，我就成为了一个穷光蛋。"

老者很认真地说："人不一定要富有，但一定要独立，你穷这是因为你没有真实地去理财，你下的围棋不错，我就和你讲讲围棋的道理，围棋行棋规则非常简单，千变万化中却蕴涵无尽玄机，黑白纹枰，变化莫测。面对同一棋局，人们常常会有不同的判断。

"学习围棋，首先要熟悉定式。定式不熟，不仅行棋费劲，且容易掉到别人挖的坑里。当然定式的选择只有在合适的场合配合下才能发挥其功效。但对定式的了解光凭记忆也不行，必须了解各种定式的内涵，掌握各种变化下的应对，否则可能非但无利、反而有害。围棋只有黑白两子，可是你却看不到一模一样的棋局。围棋讲究实与势的均衡，所谓高者谋势，低者谋实，高手通过对势的营造而最终转化成实利。

"下围棋要有全局观念。下棋时腰要直，因为这样才能把握全局，形势看得更清，而不要过于纠缠局部的变化。围棋的制胜之道不在于计较几个棋子的得失，有时放弃几个棋子，却可获得全局的控制权。围棋实和虚的转化，局部和全局的配合，得与失的权衡，即是技术又是艺术。围棋讲究修养，常言道：'棋如其人'，修养差的人是下不出让人赞叹的精彩好棋的。我刚才看你下的棋知道你是有很好的投资潜质的，有了钱再加以合理理财，你发财的日子不远了。钱找钱胜过人找钱，要让钱为你工作，而不是你为钱工作。

"下围棋的人，心理素质还要特别好，心理素质不好的人在收官阶段的读秒声中，就会在水平相近的搏杀中败北。修钟表家的孩子出围棋高手是有一定道理的，因为从小就听惯了钟表的滴答声，对于读秒可谓耳熟能详，习以为常，在最后的关头做到耳中有读秒声，心中无读秒声。在下棋中，我就看

理财巧方法
-草根刘三是怎样炼成的-

到你小子有这方面的潜质。"

刘三笑着说:"我小时候弹玻璃球也是这样哒哒的。"老者语重心长地对刘三说:"我送你十句秘诀,这将是你今后下围棋、做投资、搞理财的指导,记住它,你将会成为世界首富。这十句是不得贪胜、入界宜缓、攻彼顾我、弃子争先、舍小救大、逢危须弃、慎勿轻速、动须相应、彼强自保和势孤取和。

"我结合围棋给你讲讲这几句的重点意思,所谓'入界宜缓',实际上就是一个'慎战'的原则,虽然有时围棋在进攻中也需要暴风骤雨般的速度,但前提是一定要在时机成熟时才可以进攻,否则就可能由于进攻失败而导致将全局拖入被动的局面。做投资就是不要满仓操作,要留一些子弹以备在被套之后有回旋的余地。

"再比如'攻彼顾我',这句字面上的意思好理解,在下围棋中也好理解,但是在投资操作上这句话就是要求投资者不要一看到行情上涨了、突破了,就利令智昏,看到上涨机会的同时也要看到下跌的空间,也就是要好好衡量自己。

"'动须相应'则是指围棋中棋子之间的配合,对于对方攻击的手段要有充分的预先考虑。对投资来讲就是不但要看到这个投资品种自己的价格走势,还要看到和它相关联的投资品种的走势,并且自己要有相应的手段。总之一句话,一个成功的设计,就是布置一场战役,要在各个因素相互影响和不断的变化中设计好周全的策略,否则就会发现制定的理想策略最终只能是纸上谈兵!精神和身体松弛而利用敏锐的眼光在关键点去放下自己的一枚棋子的操作才是最理想的境界。对投资来说,这枚棋子就是拐点。

"当然以上说的大多和你的投资有关,而理财则比投资又要高一个档次。"

刘三听到这里来了兴趣,"你说到理财,那么什么是真正的理财呢?"老者说:"真正的理财需要规划,而理财规划是通过对个人财富资源的有效管理和投入组合达到人生不同阶段的目标。"

刘三大大咧咧地说:"没这么高深吧,我看理财无非储蓄、购买保险、购买国债吧。"老者哈哈大笑起来,"这些金融产品为大众化的无风险(低风险)、低收益(固定收益)、高流动性产品,购买这些产品无须专业化知识,风险很小,当然,收益也很小。这只是理财的小学阶段。"

"那中学阶段呢?""投资股票、期货,投资房地产,投资艺术品、收藏品。这个层次的投资品种都是属于高风险、高收益的品种。投资这些品种都需要较为专业的知识,同时也需要一些运气,当然更需要一些实力。"

"还有大学阶段呗。""当然,一个是投资企业产权。在这里,它就是指为拥有企业控制权或参与企业管理而进行的企业产权投资,而不是指为了获取差价而进行的股票投资。二是购买与打造品牌。购买品牌也必须获得企业控制权或控股权,但它与一般投资企业产权的区别在于其企业经营行为的目标指向企业所拥有的品牌,而不仅仅是短期的利润。

"最高的是投资人才。真正的老板是特别善于发现人才并运用人才的人。聪明的人往往会雇佣比自己更聪明的人或与他们一道工作,而能够成就大事业的人不仅能雇佣比自己更聪明的人,而且能够信任并控制他们,将自己事业的一方面交给他们。因此,理财高手的最高境界不是投资在物体上,而是投资在人身上。"

"当然,根据风险收益对应原则,这种投资是风险最大的、也是潜在收益最大的。在这个层面上,理财成败的关键在于对社会性因素的把握,如对行业趋势、市场变化、人们心理因素变化等因素的把握等等。当然人的财富的状况和前景,除了客观的限制条件,往往还取决于个人的理财理念与思路。当然只要拥有激情和创造,每个人都可以创造出丰厚的人生财富。"

理财巧方法
-草根刘三是怎样炼成的-

刘三前面的没听到多少，倒是听到要致富投资人才，对这个颇为认同，"我以后就投资人才了，这是一本万利的买卖啊。"老者笑道："你的志向很大，我就送你几句，今后你人生的路就在这几句话上，遇良而发，见信会富，与籍相争，萧平伴一生。"刘三来了兴趣，"愿闻其详。"老者笑道："天机不可泄露。"说完不见了，慌得刘三赶紧下跪，谢谢老神仙指点。

以上都是传说，实际情况比这些要惊险曲折，但是没有这么传奇。

刘三怎么靠投资成为世界首富的，书中会详细介绍，只说现在刘三发了财衣锦还乡，认为是改名给他带来的好运，也没再改回刘三这个本名，可是同村的人认得他啊，都想让刘三他爹刘老汉给讲讲这小子是怎么发的财，刘老汉说，"我都没想到这小子能有这么大出息，今天还当着这么多人的面问我，是他的家业大啊，还是我家老二的家业大，幸亏我反应快，我说，还不是我教给你的理财知识起作用了，你是踩着你老爸理财失败的肩膀发的财。""那你就讲讲怎么理财吧，我们也发个小财。"

理财巧方法
草根刘三是怎样炼成的

第一章

理财先把脑袋格式化

第一章　理财先把脑袋格式化

1. 脑袋冲动，口袋松动，后果很严重

刘老汉小时候就听说过当时秦国首富吕不韦的故事，说吕不韦在秦国股市里看到了一只黑马，异人股份，把家里的房子都卖了就投资这异人股份，果然异人股份有出色的表现，最后吕不韦不但赚了个盆满钵满，还弄了个秦国财政部长当当，这一下吕不韦成了想发财人的偶像。刘老汉也不例外，看人家的魄力，也想依样学样，就想把房子卖了，刘老婆是死活不愿意，二人是大吵三六九，小吵天天有，最后没法了，刘老婆就说，这么着，你找到黑马，咱再卖房也不迟。刘老汉一想也是，那就先找好黑马。可是怎么找黑马呢，幸亏吕不韦写了本书《吕氏发财秘籍》，这本秘籍里面有怎么找黑马。书中交代黑马有以下特点：

首先黑马在启动前一定处在最低处，并且有各种各样的传言对其不利，比如异人股份，当时就传出如果赵国被秦国打败，赵国就先把异人公司夷为平地，这对异人股份来说是极大的利空，夷为平地公司就没有了，股票不就是废纸一张啊，所以说当时异人股份是处在最低处。

其次黑马往往还面临时时被监管的状态，当时赵国怕异人公司偷偷卖给秦国战略物资就派了监管局局长亲自看着异人公司，并且还把异人公司的原材料、银行存款啊什么的都冻结了，异人公司当时就是一个半停产状态，当时很多人认为异人公司这就要倒闭了，人们纷纷卖出异人公司的股票，俗话说大家都看好的股票很难成为黑马，那么大家都不看好的股票成为黑马的可

能性就大，吕不韦正是在这个时候大量吃进异人股份，最后钱不够了把房子都卖了，结果最后人们都没想到异人股份会连连涨，可是等到大家看到异人股份大涨时大多数手中已没有异人股份了，吕不韦大大赚了一笔。

刘老汉就按这黑马的特征去找，功夫不负有心人，果真有一家公司现在的条件和异人公司当时的条件差不多，这就是楚国的熊心公司。熊心公司现在和当时的异人公司差不多，由于秦国的扩张，现在熊心公司连年亏损，这时也有传言说秦国马上要把熊心公司搞垮，现在熊心公司还在和秦国打着土地纠纷官司，有传言法院将要接管熊心公司，眼看着这家公司就要完蛋了，投资者现在纷纷卖出熊心股份，熊心股份和当年异人股份一样跌得就跟废纸一样，刘老汉一看这个，这是典型的黑马啊，卖房子卖地买熊心股份，可是等到他把股份买到手，熊心公司也宣布破产了，并没有被秦国兼并重组或借壳上市，这回刘老汉手里的股票真成了废纸了，真是叫天天不灵，叫地地不应，问题出在哪里呢？

书中自有黄金屋，查书，看到一书写到，伯乐令其子执《马经》画样以求马，经年无有似者。归以告父，乃更令求之，出见大虾蟆，谓父曰："得一马，略与相同，而不能具。"伯乐曰："何也？"对曰："其隆颅跌目脊郁缩，但蹄不如累趋尔。"伯乐曰此马好跳踯，不堪也。"子笑乃止。原来光按书去找黑马，连伯乐之子都是找到的蛤蟆，何况我呢？

知道自己是鸟就不要去向往大海了，自己是鱼就不要去向往天空了，没了房子的刘老汉怎么办？天底下没有饿死的瞎家雀儿，打工去，去哪儿呢？他想起了自己炒股时曾经自由跟庄，也曾小赚了一把，因为庄家都是大机构，他们有能力调查公司，有能力炒作，他曾经发现了一只股有庄家，他就经常跟着庄家炒作，这样节约了自己的信息成本，也曾小赚了一笔，现在打工就还用这一原则，哪里人多就跟哪儿。

第一章
理财先把脑袋格式化

这些年光炒股了,对怎样找到最好的工作没有什么认识,再者说,现在就面临着吃饭问题,看哪里找工作的人多就上那应聘去吧,也自由跟庄一把,说不定命运从此改变呢?

这时他看到一家餐厅门口排了长长的一队,一看是"理财客"大饭店,老板拿着话筒在上面大声地吆喝,"理财客大饭店招聘,凡来到我这里的不但管你吃饭,还管你发财,专门招聘理财高手给你们做饭。"

刘老汉一听这个高兴,这个饭店好,不但能打工,还能学知识发财。一看来应聘的人很多,就在这打工吧,前面有很多面试的给刷下来了,一个人嘴里还嘟囔着此处不留爷自有留爷处,刘老汉一看这饭店还很严格啊,心里就有点忐忑,这时轮到刘老汉前面两个人了,老板问第一位:"你什么特长?""我做过操盘手。""手艺怎么样?""也没什么,只不过能把股价从5元炒到50元而已。""太好了,我这里正需要一个大厨,就是你了。"

第二个人递上了履历表,老板翻了翻,说道:"噢,是股评家呀。这样吧,你的工作就是每天站在门口,见人就给我往里拉,这点事对你来说不难吧?"这时就到了刘老汉这里了:"你是干什么的?"刘老汉羞得满脸通红,不敢吱声。前面的那个人急忙打圆场说道:"他是我带来的,散户出身,洗碗扫地什么的随便安排个活就行。"老板有些为难:"我这里都是高级理财的,要散户作什么?"正说着,忽听大堂里传来一片吵嚷声。

老板急忙叫过一个服务员,问她出了什么事。服务员回道:"采购员今天忘了买肉,客人点的菜半天送不上去,正在发脾气呢。"老板顿时慌了神,这时,刘老汉猛地拔出一把尖刀,捋起裤腿,"嚓"地一刀割下一大块肉,血淋淋地丢给服务员:"先拿去应急。"刘老汉转身对老板说道:"我别的本事没有,割肉是经常干的,不信你问问前面二位。"这样刘老汉就开始了打工生涯。

虽然饭店的名头很响，可是买卖并不怎么样，食客越来越少，饭店主要是人们吃饭的地方，你却搞毫不搭界的理财，这就如你搞黄金投资，就是为了黄金将来能升值保值，你非得弄上点花花草草，说是搞金币文化，收藏后价值升值大，其实升值的还不是黄金，那上面的图案也不是名人雕刻上去的，能升值多少？把自己本来想要的都丢弃了，这样能好了吗，可是饭店的冷清也给刘老汉带来了不少好处，有了许多时间可以和这些理财牛人学习很多东西。

一天他看到大厨没有什么事，他就问，"我当时是按《吕氏发财秘籍》中怎样挑选黑马的方法去选了熊心股份，我当时也发现熊心股份和当时的异人股份也没有多大区别，怎么我的熊心股份就没成为黑马，反而让我背了黑锅了呢？"

那大厨就给他说，"你只知其一，不知其二，只看到了表面现象，没有分析这两家公司的实质区别，一是异人公司生产的是稀有产品，它专门生产王冠，别人的公司生产不了。二是异人公司有秦国这一强大的政府后盾，是变相的国有控股公司，他生产的产品又是国家必须收购的，而当时天下和熊心公司一样的公司有许多家，谁会在乎多这一家公司还是少这一家公司呢，况且一些内幕以及当时吕不韦的秘密运作都是不可能写在他出版的书里的，否则其他人都会了，他吃谁去。"

一句话说得刘老汉是频频点头，这期间刘老汉还利用端盘子的空隙听客人议论理财方面的知识，逐渐的他脑袋里装满了各种各样的理财知识，也为他混到这一步找到了原因，他决心把学到的这些知识传给他的孩子，以免他们重蹈不理财的亏。

2. 50岁才明白，人生该早点理财

第一章
理财先把脑袋格式化

想到就做，刘老汉马上打了辞职报告，报告中说有重要事情需要回家去亲自处理，老板问，"难道你老婆又给你生了个小孩？""比这个重要，生孩子是简单的，给孩子一生的幸福才是重要的，我现在都这一把年纪了，该把经验留给孩子们了，给孩子留钱不如留经验。"

这样刘老汉就兴冲冲地回到家里来，到了家中就说开会，刘老婆就说："你这作派跟刘三一样，想起一出是一出，来到家没说什么就开会。""你这死老婆子，你没听说现在时间就是金钱啊，赶紧去通知就说现在我找到理财秘籍了，让他们赶紧来，越明白的早越发财的早。"

刘大一听说老爹要讲理财，抱怨道："理财不就是把钱攒起来存银行，买国债，买理财产品，买基金，积少成多，那些理财师都会说，你不理财财不理你，可是他们都是理别人的财，别人的赚赔都和他们没多大关系，老爹来忽悠俺来了，有这空俺还不如多种点庄稼卖钱呢。"

老大媳妇比较精明，对老大说："死老头子，眼看咱家老大上大学，还想着出国留学，这时老爹让咱们干什么咱们就干什么，到时候还得让老爹给赞助点呢，咱是去也得去，不去也得去。"老二刘仲听说老爹给讲理财，心想这不就来了吗，三伏天口渴这不给送冰棍来了吗，这老二刚刚结婚，这小两口收的彩礼及这两年工作手里攒的一笔钱正不知怎么安排呢，一听说刘老汉给讲理财，好啊，刘仲和他老婆高高兴兴地去了。

唯有这刘三，刚当上泗水的亭长还没有一年呢，是个月光族，每月的工资都不够花的，时不时管刘老汉要点活动经费，这不正想管刘老汉要活动经费了，老爹说让学理财，顺便把生活费要了。刘老汉的三个儿子各怀鬼胎来到刘老汉的理财室来听讲。

刘老汉一看老大垂头丧气的样子，气就不打一处来，"一看你就是个穷光蛋，没钱不能没有精气神。""我要有钱就会有精气神，孩子马上面临大学毕

19

理财巧方法
-草根刘三是怎样炼成的-

业,他还想出国留学,上完学工作、买房这些不都是钱啊,我正发愁呢,哪还顾得上精气神啊。"刘大顶了一句。

"我这不给你们讲理财秘籍吗,你要把这本秘籍吃透,保准你不会为钱发愁。"刘老汉得意地说。

"你的意思是说理财能发财,怪不得听说咱村的灌婴通过什么亲戚让秦国的一个人给他理财,说他投资一万,一个月的利息就两千,五个月本就回来了,听说现在灌婴正操持着卖房呢。"刘大恍然大悟地说道。

刘老汉瞪了刘大一眼说:"你不要去听这些不靠谱的事,也不要参与这些不靠谱的事,你用脑袋想一想现在做什么买卖一个月一万稳赚两千,甚至更多,不要听一些人忽悠,别以为前面金光闪闪的就是金子在发光,也有可能是一个大火炉,你进去了,就把你烧没了,这就是击鼓传花的游戏,他们玩的是拆东墙补西墙,等到没法补了,最后接花的就倒霉了,这完全就是一个骗局。"

"骗局?怎么说他们是骗局?"

刘老汉掰着手指头说道:"识别这样的骗局也好识别,第一看他收益是不是比银行的收益高很多倍,第二看他这样做是不是国家承认。你只要一细追究就会发现他的漏洞,我说的理财可不是说的这个。"

刘大急忙问:"难道理财还有别的说法?"刘老汉认真地说,"理财就是通过专业人士打理自己的资产,使其能更好的保值增值,而不至于贬值,和投资还不能画等号,和你说的发财也不能画等号。投资理财是长期的理性的专业化的投资行为,不能听信无风险,高收益,投资就有风险,你把钱放着还有贬值的风险呢,何况是投资呢,只不过是投资有可能使自己的钱升值保值,也有可能会使自己赔钱。"

这时刘仲也到了屋里,听到刘老汉的说辞,他若有所思地对刘老汉说:

第一章
理财先把脑袋格式化

"我明白了，理财就是看谁说的预期收益高，谁的宣传口号大，谁的产品人们说好得多，我就买谁的理财产品。"

刘老汉看了看老二，不耐烦的说："你没听完全，就不要胡乱说话，首先理财不是光买理财产品就叫理财，其次要正确理解理财产品的宣传，因为理财产品的收益是和它所投资的标的的市场表现相联系的，理财产品说明书上的预期收益通常是在过往经验数据基础上预测得出，其宣传的最高预期收益更是在理想状态下的结果，由于金融市场变化莫测，理财产品最终实现的收益可能与预期的不一致，再说你还要分析他们的宣传是不是销售人员为了多卖产品而有选择地做出的宣传，所以对一些理财产品你也不能光听销售人员的口头宣传，就做出购买决定，重要的是你要把产品说明书和理财合同的条文弄清楚，再做出购买决定。

"还有别人说好的你就认为是好的，这也是不可以的。你从小就学过小马过河，碰到老牛说很浅，碰到松鼠说很深，淹死了他的同伴，你听谁的？还是要自己拿主意，不要听别人说好你就跟着说好。理财产品千差万别，没有最好的，只有最适合自己的。高风险的产品可能带来高回报，也会受到风险承受能力强的人的追捧，但是对于那些抗风险能力差的人，这样的产品可能并不适合，不要只看到别人的高收益而忽视遭受损失的严重后果，你自己要正确评估自己，只有适合自己的才是最好的。以上这些都是我这几十年的经验。要不我今天叫你哥几个来开会，就是要培养你们早点学点理财知识，免得和我一样到了50岁才知道怎样理财，我现在混得这样就吃亏在没有早点掌握理财知识上了。"

这时刘三歪戴着帽，嘴里叼着烟，敞着衣服扣子，手里端着个大茶缸子，一屁股坐到椅子上，冲着刘老汉说："你又给他俩开小灶了，我要不不听了，你给我点钱比什么都强。"刘老汉瞪着他说："你就知道要钱，学到理财知识比得到钱重要，得到钱你能花完，而学到理财知识你一生生活无忧，刚才也是纠正了你俩哥哥的一些错误认识，差点让他们把我带到沟里去。好了，现在正式上课。"

"我现在先要跟你们说一下理财与投资的不同，刚才听到你哥俩的议论，我发现你哥俩对理财的理解还有一些混乱，你们要先把你们的脑袋格式化，把一些似是而非的观点删除，对理解理财会很有好处的。把理财认为就是投资，就是钱生钱，这种想法是片面的。投资只是理财的一个方面而不是理财的全部，投资具体一点就是说将钱买基金、股票、黄金、理财产品及投资实物如邮票钱币等，以达到资产保值升值的目的，它关注的是资金的流动性和收益率，也就是到时投入的钱能否及时收回，收回来多少，当然收回来越多越好。而理财呢，他的主要目的不是为了赚钱，而是帮助人们更合理地安排收入和支出，使自己的理财收入与生活支出达到平衡，最终实现财务自由，举个浅显的例子，你有10000元买了股票，我手里有1000元，这时正好天热了，需要买空调，我拿着钱就买了，而你的钱在股市里，而股市这时正在低点，你舍不得卖，因为你卖可就赔好几千元呢，这样虽然你有钱，但是没有我能享受到空调的抚慰，如果是这样就说明你没有理好财，如果理财规划好你就会提前留出1000元买空调的钱。理财的目的是达到自己的财务自由，再通俗地讲，财务自由就是我刚想买某件东西时正好有这笔收入可以买到这东西，什么时候也不缺钱花。"

"正是由于投资和理财的不同，它们的依据也不同，理财方案的设计和实施，不仅要考虑市场环境的因素，更重要的是要考虑个人及家庭各方面因素，包括生活目标、财务需求、资产和负债、收入和支出等，甚至还要考虑个人性格特征、风险偏好、投资特点、健康状况等；而投资决策的依据是对市场趋势的判断和把握，主要考虑的是我的投入能获得多少钱，很少考虑其他需求,通过这些我们就可以看出投资主要是获得收益,但也可能因为投资不当而承受一定的损失,而理财是在现有的资产和收入状况下,通过合理规划和资产的配置实现资产的保值增值。"

刘大说:"听你这么说,你给我们讲理财,你自己可是没有理财啊。""是啊,我到现在才知道什么是理财,原先我都是搞投资,投资没投好,亏了本了,因为没有理财规划,投资失败,让我现在对你们很愧疚,你们该上学时没给你们弄足学费,使得你们没有受到很好的教育,你那时候我还能给你盖个房子,娶个媳妇,现在也需要你自己做好理财规划,保证我那小孙子的学费,别到时候弄得和你似的,虽然你给他取名刘肥,不能光让他长得肥,还要让他学得肥才好。到了刘仲就亏多了,没钱给他娶媳妇了,就只好倒插门了,万幸他老丈人家家财万贯。最可怜的是刘三,因为穷,现在连个媳妇也没讨上,唉,都怪我没有及早做理财规划,以为投资就是理财了,你们要吸取我的教训啊,可要早做理财规划啊,我用了十几年的时间,到了五十岁才明白这道理,今天全讲给你们了,你们要庆幸遇到我这么好的老爹啊。出名要趁早,理财更要趁早,理财要从娃娃抓起啊。"

3. 理财就要练就神仙一把抓

刘三抬了抬头,冲着刘老汉说:"老爹,你就不要这么悲伤地回顾过去了,现在你也不能穿越回去了,不过我对你说的理财投资不感兴趣,我倒是觉得你说的财富自由很有意思,你说的财富自由怎么说的和神仙一把抓差不多啊,想要什么一伸手钱就来了。"

刘老汉冲着刘三说:"这句话算说到点子上了,你小子悟性很好啊,人生做学问的最高境界是众里寻他千百度,蓦然回首,那人却在灯火阑珊处。我现在的理财理论知识到了最高境界,但是我的理财实践还没到最高境界，理财的最高境界就是某一时刻我需要什么东西正好我有一笔钱把我所需要的买来，也就像你所说的神仙一把抓，举个例子来说，你想今年底买个5万元的车，通过前期的理财规划，到年底正好有5万元的投资到期，你就可以拿这钱去买车了，你小子也不会再来抠唆我了。"

刘三嘿嘿一笑："老爹，我说的是我现在没有钱，你也让我练神仙一把抓吗？""好小子，你在这里等着我了，你小子的意思就是你现在是月光族，工资月月光，就不用理财了。"刘三说："知子者莫若父，我月月光还理什么财啊。"

"所以说，我要先把你脑子里这错误的想法格式化，听我慢慢给你道来。对你小子来说，刚刚步入社会，收入偏低，日常生活开销大，可能经常出现入不敷出，因此给你这一类人起了个好听的名字月光族，这时候要根据你们这一类人的特点来理财，你这时候没有太大的家庭负担，精力也比较旺盛，重要的是能担得起赔赚，年轻就是好。因为不但人生翻本的机会多，投资翻本的机会也多，你的主要目标就是为未来家庭积累资金，你现在主要是打基础阶段，可以再找一份兼职，业余时间多学习学习理财知识，多掌握点技能，为将来的规划打好基础。"

"对你每月的工资也要好好打理一番，如果怕自己管不住自己，你可以做一下每月定投基金，可以选一些高风险高收益的股票型基金，这样可以强制你管住自己，这时对你来说赔赚都并不重要，重要的是积累投资理财经验，这也是你最需要做的。你还可以买一份消费型的意外保险，因为你年轻，负担轻，年轻人保费也相对较低，你们年轻人交际范围广，经常出差，骑马开车的这里去那里去，买了这样一份保险，就可以减少因意外导致收入减少或负担加重，这就是你这类月光族最需要做的。从今天起，我给你讲理财课，就相当于给你种菜的种子，种的好坏全在于你自己听进去多少了，我今后不会再给你钱了，以后钱全凭你自己理出来吧。"

4. 理财不是自己的事

刘大说："老爸，你也别说了，钱多了不就达到财富自由了吗？有了钱就有了一切，还理什么财啊。"刘老汉严肃地说："你说的不错，可是我们大多数人做不到有很多钱，就是比尔·盖茨也有为了钱而烦恼的时候？再说首富也不是一天炼成的，我们只能根据自身的情况去理财，通过理财使我们的生活品质得到提高，不是说理财就是为了钱多多，虽然表面上看是这样，但是钱多了不是放着，做钱的奴隶，而是让钱为我们服务，是为了提高我们的生活质量，理财的这个本质目的我们时刻不要忘记。"

"说到生活品质的提高，我们就不得不说人生的规划，人生的规划有短期规划、中期规划和长期规划，而我们的理财就是配合我们的人生规划的，我给你举个实际生活的例子，比如你想今年年底买车，这就是短期提高生活品质的例子；你想 5 年后换个 150 平方米的房子，这就是中期规划；你想退休后周游列国，这就是一个长期规划。而这些生活质量的提高都少不了一个共同的前提，那就是到时候我正好有这笔钱，使我实现这一目标，而不必在退休后卖房子周游列国。"

老大不耐烦地说："你说的这些目标我看就一个字，就是勒紧裤腰带'攒'。"

刘老汉说："你算说错了，如果实现这样的目标只有一个字攒，我也就没必要让你们来听我的理财课了，如果为了将来牺牲现在的生活质量那是得不偿失，而要实现生活质量提高的目标，就要走财富自由的第一步，要在理财过程中做到财富平衡，一个是内容上的平衡，即在自己住房计划、汽车计划、子女教育计划、保险计划、养老计划、退休计划等要在这些内容上达到一个平衡，不能顾此失彼，要从财务的角度审视自己的人生，哪些计划可以实现。

"再一个就是结构平衡，虽然资产增值是理财的一个重要目的，但更重要的是对风险的控制和规避，一个稳健平衡的财务结构才是我们需要的，当然这个结构也要因人而异，根据风险偏好，资产多寡的不同这个结构也会不同，像老大你就不应再投资一些风险大的产品，比如股票等等，因为你孩子大了，有许多现实的需求，投资风险大的产品，一旦损失可能生活就会受到影响。像刘三，你就可以多投资一些股票，因为你现在负担小，抗风险能力强。

"再一个就是时间上的平衡，也就是平衡你现在和将来的消费，从而达到人生各个阶段的生活质量都有一个很大的提高，既不能今天的钱今天用，明天的钱明天用，也不要把现在的钱全留给未来用，用降低今天的生活质量来换取未来生活质量的提高也是不值得的。

"当然靠贷款过日子，把未来的钱拿到现在来用，那更不可取，这个时间上的平衡，在理财当中一定要把握好。以上说的是静态上的平衡，而实际生活中每个人的财务状况基本上都是动态变化的，外部环境也是时刻变化的，比如通胀、国家政策等，我们的资产就要随着市场环境、国家政策、自身财务变动情况的改变随时调整，达到动态的平衡，光出不进就会坐吃山空，光进不出只知挣钱投资不消费，那样的财富就是粪土，也会不幸福，要做到合理平衡资产和财富的进出，钱少也会快乐，钱多更加幸福。"

老大拉长声调地说："哎呀，老爸，你讲这么多，我天天打工挣钱，哪有这些闲功夫去干这个事啊。""我先问你，你理发是自己理吗？""当然找理发师了，我还记得小时候你给我理的那头发，像梯田似的，让同学们都笑话我，当然是理发师专业啊。""你有病自己看吗？""当然叫医生看啊，有病自己看，那可真是有大病了。"

第一章
理财先把脑袋格式化

刘老汉狠命地点了点头,"你说得很对,同样我们理财也要请专业的理财师给我们理,因为理财师专业,接触的人多,经验多,而他们理财的方法和手段也高,我们其他的需要知道找专业的人士,理财这是涉及到自己生活品质提高的,难道就不知道找专业人士了吗?不要觉得自己的钱自己随便理理就可以了,其实不然。随着社会的发展,投资产品的增多,以及我们生活质量需求的提高,这些都需要专业的人士来帮我们打理,通过他们的专业知识,为我们理出一个美好的未来。"

"伤不起,真的伤不起,我想你想你想到昏天黑地,电话打给你,美女又在你怀里,我恨你恨你恨到心如血滴。"刘三一激灵,正做梦老爸给了一大叠钱,正数着呢,叫这该死的手机铃声给打扰了,还一半钱没数完了呢。刘三一边接电话一边想:"坏了,光听老爹讲了,把大事给忘了,今天萧县令请客,我正想蹭一顿去,怎么把这事给忘了。"嘴里说着:"我马上到,马上到。走到拐弯的地方了。"刘老汉说:"你什么事,这么着急。"

"今天萧县令请客,我必须去,不但能蹭顿饭,还能多认识一些人啊,都说人脉就是钱脉。"刘三一边说一边往外就走。刘三心里想,听小道消息说,萧县令的朋友还想在宴会上找个姑爷呢,这差不多能解决我的现实问题呢,比在这里听你啰啰嗦嗦的讲理财现实啊。刘老汉怔怔地说:"我今天讲的你都记住了吗,吃人一顿饭,还他半年粮,把我这理财学好,用得着去蹭他那饭?"

"记住了,记住了,不就是理财要找专业人士吗,我都记住了。"说完不等刘老汉回答,刘三就蹭出去了。

刘老汉愤愤地说:"这小子,像你这样上课不注意听,有事急急火火的样子,我算把你看透了,你就受一辈子的穷吧,一辈子也别想有你两个哥哥的财富多。"这时刘三又返回来了,冲刘老汉说,"把你车钥匙拿来。"没等刘老汉答应,刘三已从刘老汉口袋里把车钥匙拿走了,没想到刘老汉的最后一句话被刘三听到了,刘三心想,等着吧,我不给你混出个样来,我就不是你亲生的。后来人们传说刘三是龙种,可是连刘三自己都不相信。

5. 鸡蛋只能放在3个篮子里

屋子里只剩下老大和老二,老大说:"你说的理财这么复杂,又要请理财师,让我都不知如何下手,再说怎么能判断出理财师说的规划什么的合理不合理啊。现在投资品种这么多,理财师给规划好了,我怎么判断这方案好不好?"老二接着说:"我听别人说,理财就两句话,吃不穷,喝不穷,算计不到就受穷,你刚才说的请理财师也只能大体解决这一句话,理财中还有一句话叫鸡蛋不能放在一个篮子里,这句话你还没讲清楚呢。"

刘老汉说:"你弟兄两个的问题其实就是一个,那就是理财中的投资怎么办,我也用一句简练的话对你说,那就是鸡蛋只能放在3个篮子里。

"有许多搞投资的人用把鸡蛋放在多个篮子里来比喻要分散我们的投资风险。可是你想过没有,篮子不是白用的,你总共10个鸡蛋,你用10个篮子来盛,你的风险可能不仅不会降低,可能还会增加,因为篮子也是有成本的,比如你投资基金、股票,他们都是有手续费的,你篮子多了,手续费也会让你损失掉鸡蛋的,所以我从长期投资经验中发现鸡蛋只能投到3个篮子里。

"如果只放在1个篮子里,风险和收益就不会有保障,比如你只放在银行存款这1个篮子里,风险是低了,可是你可能会失去更多收益的机会。如果把鸡蛋全放在股市这1个篮子里,你的投资就会面临很大的风险,所以说我们的投资不能放在一只篮子里,况且我们每个人的精力是有限的,把鸡蛋放到多个篮子里,每个篮子的性能、质量、结不结实,我们可能就不会了解得很清楚,如果对篮子的质量了解不全面,我们就去投资,这就像拿鸡蛋向天空中扔，掉到棉花上算我们运气好，可是如果掉到石头上，我们的鸡蛋也就没了，像这样自己不太了解的篮子，我看还是不要放鸡蛋了。

"那么我们放在3个什么样的篮子里呢，第一个篮子是铁做的，这个篮子的名字就叫银行存款、黄金、房产。这个篮子比较结实，把资产放在这个篮子里基本不必担心篮子坏的问题，也就是说鸡蛋在这个篮子里不会坏，但是你要注意这个篮子里的鸡蛋也基本不会生长，也就是收益可能不会很多。第二个篮子是竹子做的，这个竹子做的篮子里还会有只鸡来负责给你孵小鸡，小鸡长大也可以生蛋，所以说这个篮子里的鸡蛋可能会增多的，增多的原因就是有这只鸡，这个篮子叫基金。因为基金是专业的理财团队来投资，收益相对比个人投资要好得多，当然它是竹篮子，就不是很结实，你不要忘了有一句术语叫竹篮子打水一场空，这就需要你注意，当你看到竹篮子里的鸡蛋多时，你要及时把鸡蛋拿出来，当然你要挑选几只好鸡。

第三个篮子是草做的，这就说明了它是最不结实的，但是它有一个最大的特点，那就是它能使你的鸡蛋很快地增加，可是一旦这个篮子坏了，可能你的鸡蛋就会损失惨重。为什么会是这样呢？因为这个篮子是草做的，就会有鸡来占窝下蛋，也会孵小鸡，这就保证了鸡蛋的快速增长，但是这也会使我们的篮子承受不起，可能在一个早上我们的鸡蛋就会所剩无几，这个篮子就叫股票。"

"我把鸡蛋平分在这3个篮子里不就可以了吗？"

"你真是猪脑子，这3个篮子里的鸡蛋是动态的，是不固定的，你可以根据当时的市场情况来配置这三个篮子里的鸡蛋，比如在股票市场牛市中你可以适当多配置点股票，在熊市中你可以多配置点债券型基金，如果市场震荡剧烈，看不出市场的投资方向，你可以采用六二二配置，即60%的资金放在银行理财产品、保险或债券市场，20%投资于黄金市场，20%投资于股市。

当然这个比例也是因人而异的。"

"我现在做一下总结，理财靠的是理财师，投资有时更需靠自己的悟性和自己积累的知识，通过我以上讲的这些我觉得已经把你们的大脑格式化了，也给你们重新装备了一些东西，今后的投资还要看你们的实际应用了。"

理财巧方法
草根剑三是怎样炼成的

第二章

理财在行动

第二章　理财在行动

1. 理财师的修炼

说到当时的财富帝国，就离不开当时的三大理财师：范增、张良、韩信。正是这三大理财师通过波谲云诡的手段、通过高超的空手套白狼的技巧，把天下财富集中到了项三、刘三手中，又经过五年的双方斗法最后集中到刘三手下，在关键时刻又得以使刘三的财富没有缩水，最后平安遗传给其子，其中的风风雨雨以后将会详细介绍。这些离不开当时三大理财师的策划，其中也暴露出了他们的弱点，而这些都是和他们出道前的修炼分不开的。

范增，怪异人也，独慧眼，性高傲，有日，增行于道旁，见一女，衣衫褴褛，面有污痕，手拄木棒，一犬随其后，女泰然喂犬，旁有二三子拍手笑之，女见之如无物，细审之，则色丰耳厚，目润且神，大奇之，引其家，妇嗔怪之，增不为动，后其妇以休书视增，增忿而离家，以温车载女出，时人动之，已而半载，未与女同房，时人大异之。

范增这一引起当时人们争议的事件，事后有了详解，因为范增当时见这女人虽在落魄中，但是面色丰润，且神态安详，用一句俗语说叫落汤不落架，且身处落魄之中却不忘记身边这条狗，不失大家庭女子风度，再看其举手投足间及问其言语，都显示这是个大家闺秀，等到范增慢慢地问她，知道此女乃是楚王后裔，熊心之妹，因秦灭楚后，流落民间，范增凭其过人的眼光看到这不是平常人家的女子，日后必将发达。

当时投资市场非常发达，秦国鼓励人们投资，许多公司犹如雨后春笋般

理财巧方法
-草根刘三是怎样炼成的-

开起来了,其中名头最响的是陈胜公司,声势大,人员多,产品销量好,市场占有率高,这时就有人对范增说,你经验丰富,又有才能,为什么不去陈胜公司呢?范增说:"别看陈胜公司现在表面上风光无限,市场占有率很高,但是他盲目扩张,又没有储备过多的人才,陈胜的眼光度量只能当个富翁,他没有什么远大的抱负,且为了自己的私利而不能容下和其一起共事之人,其公司必走不远。"果然陈胜公司开了没多久,正在他事业辉煌之时,由于公司内的核心技术被和他一起共事的同事卖给竞争公司,没有多久陈胜公司就倒闭了。

这时项三的叔叔项梁听到范增的高论,觉得范增是个人才,就找到范增说,现在市场这么活跃,我现在也开了个小公司,人员有了,财力也有了,但是不知怎么去运作,才能使公司尽快做大做强,范增沉思片刻说:"你公司现在是开起来了,但是你公司的产品和大多数公司产品差不多,没有自己的核心竞争力,公司刚草创市场也不认可,这样就需要你找出自己公司的核心力,且最好傍上一个有名气的公司,有没有这样的一个公司呢?"

范增说完想了一想,忽然眼前一亮说:"熊心公司符合你现在的情况,熊心公司曾经在市场叱咤风云,作为一个上市公司只是近年来被秦国挤兑的要破产,它掌握有核心技术,如果你能借熊心公司的壳上市,不但能得到它的核心技术,而且还能得到许多人才,也顺便在股市中圈一大笔钱。"项梁听到这里,马上就委托范增具体去运作这事。

放下范增不说,再说当时第二闻名的理财师张良。张良富家子弟,因其父好赌,曾和嬴政赌钱,结果输光了家产郁闷而死,张良暗暗发誓,不把嬴政杀了誓不为人,嬴政在当时号称赌王,有了钱就想游山玩水。

这一天,张良窥知其旅游线路,看到嬴政小车过来了,张良在山上就扔下了一块大石头,可是不巧扔的时间早了,只是把嬴政的车子砸坏了。

第二章
理财在行动

嬴政本人没事，他就开始调查这事，张良从此过上了流浪的生活。不过张良聪明绝顶，胆子奇大，他判断藏在荒山野郊，反而容易被怀疑，最危险的地方往往也最安全，因此他变更姓名，藏匿在人口复杂的商业城市——下邳。张良成天在街上闲逛，一点也没把追缉的人放在眼里，幸好他那不起眼的长相，也的确不易让人产生疑心。

这一天，张良正走过一座桥，一个乞丐似的老头突然弯下腰，脱下鞋子丢到桥下，然后转身向张良叫道："小伙子，帮我捡鞋！"张良愣了一下，但好奇心甚强的他，很快压住不高兴的情绪，反正下雨天打孩子闲着也是闲着，倒来看看这找麻烦的老头子有何居心？因此他回身下桥，捡起了鞋子，交还老人，"替我把鞋子穿上吧！"张良差点乐了，心想你这老头，还真把自己当个人物了，不过把鞋都拣起来了，穿上也不费什么事，便跪下身来，故意表现得恭恭谨谨地替老人穿上了鞋子。

怪事来了，张良刚站起来要走，这时老人又把鞋子脱下来扔到桥下，又叫住张良，"小伙子，再帮我把鞋捡起来。"张良怪异地看了看老人，下去把鞋捡起，没等老人说话就给老人穿上鞋。没等张良站起来，老人又把鞋脱下扔到桥下，张良这时一边看着老头一边往桥下走，今天是怎么了，这老头不像有病啊，非常之事必有非常之因，我倒要看看这个老头葫芦里卖的什么药，张良又麻利地给老人穿上鞋。

老人看到张良的行为，似乎很满意似的，大笑而去。张良反而被他吓一跳，一时不知如何是好，只好目送他离去。老人走了约一里路，回头看看张良，又走了回来，并对张良说："孺子可教也，5天后天明时刻，到这个地方与我相会！"张良虽满头雾水，但在好奇心驱使下，仍恭谨地表示："好吧！"5天后，天刚亮，张良便依约赶到桥头，只见老人早已在那儿了。

"与老人家约定，却比我晚到，真没礼貌，5天以后再来吧！"张良愣住

理财巧方法
-草根刘三是怎样炼成的-

了,但想想的确是自己理亏,便只好客气地陪不是。5 天后,鸡鸣声刚起,张良已到桥头。想不到老人比 5 天前更早就到了。"还是迟到了,回去,5 天后再来吧!"到了第 5 天,张良根本不敢睡了,天未亮便到相会之点等待。没多久,老人也来了,看到张良先到,笑眯眯地表示:"这样子才对嘛!"便从怀中取出一册书,交给张良,并表示:"读通这部书,你便能理天下之财。这十年间将是你最需要努力、也是最有把握的成功期,绝对要抓紧。"说完,便转身离去,不再回头。从此以后张良再也没见过这位老头儿了。

天亮后,张良仔细审视这部书,竟然是《草根刘三理财经》。张良甚奇之,乃日夜苦读,将书中的精华完全消化。日后张良凭借此书一举奠定了刘三的财富帝国,当然老人三次让他桥下拾鞋磨练他的性情也是一个不可或缺的条件。

此是后话,下面我说最后一个天才理财师韩信。

千百年来人们一直说韩信受胯下之辱,终成大事。其实不然,这只不过是个误传,真实情况是怎样的呢?韩信虽出身于没落的士族,但受过高等教育,可是由于父母死得早,家里非常贫穷,也一直找不到较稳定的工作。

他考了几次公务员,但因时局不稳,又缺乏人事背景,自然不容易找到空缺。虽然笔试常常第一,但是面试是伯嚭之孙把持,大家都知道伯嚭家大门左右两旁有一祖传对联,上联是"说你行你就行不行也行",下联是"说你不行你就不行行也不行",横批"不服不行",伯嚭又向秦王自荐,伯乐是其二大爷,说自家得相马真传,后来秦王就让伯嚭家族掌握面试之职,韩信在撞了六次南墙后,彻底死了心。

后来他想弃文从商,却又缺乏本钱和人脉关系,因此成为无业游民,常在亲戚朋友家到处白吃,使得很多人都不喜欢看到他。据说他曾靠下乡的南昌亭长长期供应三餐,然而数个月以后,亭长的妻子实在受不了了,乃故意

第二章 理财在行动

停止供餐。韩信不知，仍依照时间前往，却发现人家早早吃完了。韩信知其意，便不再前往。但韩信其实也不知该怎么活下去。知识分子的骄傲让他无法成为乞食者，只好呆坐在淮水旁的桥下钓鱼，用以打发时间，或许会有鱼可吃也不一定。

韩信已到走投无路的地步了。当时桥下正有很多老妇人在洗衣服，其中有位老漂母看到韩信忍着饥饿而不肯乞食，十分怜惜其骨气，于是主动和他分食，一连数十日都如此。韩信非常感激，乃对漂母表示："将来我若成功，一定来报答今日的恩情。"漂母听了，反而很生气地表示："你身为大丈夫却无法养活自己，我因为不忍你饿肚子才分食给你，岂指望你成功后来相报？"韩信深为感动，乃尽力找些打工机会以求生，并等待更好的机会。

后来韩信陆陆续续打了几份工，经济能力也大为改善，他常穿着儒服，佩着长剑，在街头上找工作。一方面为讨生活，他不得不强行忍耐，一方面为显示知识分子的骨气，他也仍在追寻出人头地的机会。街头上那些混混们，最讨厌韩信这种自视清高的模样，他们存心找韩信麻烦。其中有位长得高大魁梧的混混，故意挡在韩信面前，大声吼道："你虽长得高大，又好带刀剑，其实胆小如鼠。"

不少同伴也立刻围过来起哄。此时那个混混更得意了，干脆直接向韩信挑战，表示："你敢拚命，现在就用剑刺杀我，不敢拚命，就要从我胯下爬过去！"韩信先是毫无表情地瞪视着那名混混，然后慢慢地吸口气，蹲下身子，眼看要从那名混混的胯下爬过去，但是说时迟那时快这当口他用手狠狠地抓住那个混混的胯下之物，那个混混疼得倒了下去，一边求饶一边就跪下了，嘴里喊着："我再也不敢了。"

韩信目露凶光，"你面前只有两条路，你是想死，还是想当太监。"那个混混说："韩大爷、韩爷爷，饶命啊，我愿当太监。""无用的玩意，本来你要

37

说想死，本大爷还可以饶你一命，可是你说想当太监，我就成全你，记者，向死而生，苟活无用。"韩信就是这样的人，看似柔弱，在对方露出破绽的一瞬间，一击而中对方要害，置对手于死地。通过这两件事韩信重新思考人生，从头规划人生，从此走上了辉煌的道路，当然这也和他的性格分不开。

2. 怪老头给张良理财秘籍精华

上文书说那个把鞋扔在桥下让张良捡鞋的怪老头给了张良一本书，正是这本书奠定了张良一生的财富梦，还好张良把这本书的精华留给了我们，可以让我们一睹理财精华，让我们可以模仿他的操作手法去发我们自己的财，下面我就把这些精华实录在下面：

每个人都有追求美好生活的愿望，而钱多是提高自己生活质量的保证。同样每个人又会对自己的钱无缘无故的减少感到恐惧，这就是人性。而现在的股市把这种人性毫无遮掩地显示在世人的面前，如果你能掌握其中的精华，加以灵活运用，戒除人性的贪婪，就会在这波谲云诡的股市中掘得自己的一桶金。

在股市中你首先要不急躁不暴躁，有耐心。这也是为什么我让你三次桥下拾鞋的原因，这样的事在每次你要决定重大的事情时都要考虑再三，要有耐心，有耐心老天终不会负你的。

当然耐心不是盲目的等待，在你给我拾鞋和穿鞋的过程中，我分明看到了你眼神一次次的不同。我相信你的内心也是不同的吧。我一次次地让你早来取书，在最后一次我才发现你的无功利性的目光。当然我一次次看你不按时来，我就不把书给你，直到最后一次你能按时到来，我才把这本书给你。我的苦心等你进入股市中可能才会明白，那就是让你守纪律，遵守你内心给自己定下的纪律，只有如此才能实现你的财富梦想。当然看这本书还得需要你自己去悟，白起赵括同看《孙子兵法》，结局却是大不同。

股票投资的成败无非是你认识人性的成败。企业发行股票，掌管企业的人你要看透。在股市中投资，你要对投资这个股票的人的人性要掌握。掌握了这两个因素，你就会财源滚滚来。

先说掌管企业的人，这是一个企业发展的根本，是基础。无论这个企业发行的股票是涨是跌，无不围绕这一个前提。想让股票涨，就多宣传这个人的正能量，想让股票跌，就把他的负能量放大。影响了这个人也就能影响了这个企业的股价。

当然不是任何人都能影响掌管企业的人的，那就来看看股票市场，在这个市场中无论你是大富豪还是乞丐，你们的机会是一样的。

当然你如果有无量的资金，再加上国家不管，在股票市场上那就会只有你说了算，而这个你只能是国家。而大多数人是做不到这样的，多数人只是想在这个大金矿中掘得一块狗头金，是买不下来整座矿的。

知道了大多数人的情况，你就会从大多数人的弱点中找到属于自己的那一片金矿。在股市的人们都有一夜暴富的心理，都有买涨不敢买落的心态。当然在股市中如何利用这些，那是每一个想在股市中掘金的人都必须严加修炼的，就犹如每一个军人都能读到《孙子兵法》一样，但是每一场战争都有胜负之分。

正是由于人性有以上的弱点，那么我们在股市中就能看到股价的上升总是波浪性的前进，股价不会天天涨，但也不会天天落，总是波浪性的前进，波浪性的后退。那么在这期间有什么逻辑呢？

拿其中的一只股票来说，开始时人们都看好这只股票，所以买的人会很多，这就给这只股票的股价上升带来了启动的基础，开始势能的堆积，就犹如弓箭在慢慢拉满，终于在一松手的刹那，这只股票就会犹如箭一般升入空中，这时周围的人们看到这只冲天的箭，也会紧急跟进，这又进一步把这只冲天的股票由于升天太快损失的能量添加。到了一定高度，有的明白人觉得差不多了，赚了钱就闪了。

这时的股价就会落一点，接着在上一次上升时期没有进入该只股票的人就会在这回落的一瞬间进入，这只股票前期升高，再加之此时如有利好的小道消息，这时的股票会小落一点随后再冲高，在这一次的冲高中前期卖出股票的人有的又心痒难耐，又开始进入了，这一次的弓拉得更满，射出的箭更高。在这一时期，到了高点又会有一些人沉不住气，把股票卖出，股票的价格又会回落。高手一般在这时就金盆洗手了，然后喝喝茶，旅旅游，休息一段时间再来。

当然在这一波股价的波动中仍有一些贪婪者，总想把这条鱼整个的吃掉，可是最后只剩下了鱼头。一些看到这只股票前期赚了很多钱的人开始了蠢蠢欲动，加上那些想把鱼头也吃了的贪婪者，还有一些大户，自己手中的筹码还没有出尽，那么好了，把股价再拉一把。这时的股价也成了强弩之末了，大户的筹码也出尽了，这时的股价就要开始掉头向下，股价的向下跌落，是一些人受不了赔钱的折磨，还有一些人看到别人卖了，自己也卖掉算了。

当然看到股价的下跌总有一些人认为可以捡便宜，所以又有一些人进入，想捡个便宜，股价也会在这些人的带动下短暂的回升。悲剧的是这些人吃下的是鱼刺，并且卡在喉咙。这些人有的破罐子破摔等着，爱咋咋，反正这些钱也不等着用，可是有一些人需要这些钱买房住，因为刚把房卖了买股票，现在房价又要涨，赶紧在股市中把股票卖掉，所以股价这时落得更低了，最后剩下一些爱咋咋的股东。到了这时也差不多是你旅游回来的时候了，这时的弓又要开始拉了。你只要等着把弓拉满就可以了，当然这时的你也要加入拉弓的行列。

第二章 理财在行动

上面这就是股票价格的轮回。把握住每一个轮回你的财富自由就会很快到达。当然这里面可能你看不出什么时候股价已到顶，什么时候该进什么时候该出，下面我就给你讲一讲。

这就需要我们准备一张纸，每天记录下股价的平均价，尤其是要计算它的移动平均价，然后绘制在一张图中，看它的曲线，每个股票都有它的特性，所以它的曲线是不同的，当然你可也不必这么费力，等到你真正炒股了，各种大师根据我的这个理论绘出来的图标，你直接拿来参考就是了。

你平时也要时时注意这条线，这条线就犹如栓狗的绳子，股票就犹如那条狗，它是跑不出你绳子的范围的，如果曲线向下，那么你就要赶紧卖掉股票了。根据这个理论来炒股的专家到时候会比比皆是，甚至一些专门的公司也会绘出图来，免费供你使用，你拿过来用就是了。

还有一个问题，那就是如果股价觉得还会涨，不舍得卖怎么办，这正是我以前为什么要惩罚你，让你五次三番的拾鞋、早早的来等待得原因。这就是我要你注意的纪律，人们的赔钱赚钱，大多和他们不能有效执行自己早已定下的纪律有很大的关系。

纪律是一个组织取胜的关键因素，同样纪律也是一个人能否在股市中赚钱赔钱的关键因素。这个在股市中的纪律就是自己定的止损、止盈。

自己在股市中投资，亏损了要认，不要认为自己有天大的判断力，还会盈回来。在股市中有了收益，也要及时把它变现，在股市里的富贵那只是纸上富贵，当不得真的。觉得收获的差不多了，现金为王，赶紧撤出来，不失为一富家翁。天外有天，人外有人，自己八两的命，就不要想着吃一斤。

在股市中赚钱，还要跳出股市看股市。俗语说不识庐山真面目，只缘身在此山中。所以说你要认识股市，你就要跳出股市看股市，股市是财富重新分配的市场，如果你只是身在股市，是看不清股市中的涨涨落落的。你只有跳出股市，看看国家的政策，看看周围人们的谈论，看看这个公司的产品，甚至看看买股票的都有些什么人。这些都需要你平时的积累，跟着天下大势走，天下的财富才能有你的一份。

股市开始的初衷无非是人们凑钱做买卖，可是随着股市的发展，还有人们对不同企业、行业的看法，股市完全成为了一个投资的场所，也就是人们投资的已不再纯粹是实业了，而成为了投资机会，如果你在这个过程中发现了机会，那就要果断抓住它，股市中时时处处都有机会，所以你要运用你雄鹰般的眼睛寻找到机会，并快速抓住它。

3. 身诚不是诚，心诚才能灵

学成文武艺，货与帝王家。三位理财师都想尽快发挥自己的才能，可是遍寻天下，发现各大公司贴的招聘广告，什么"给你一个舞台，成就一个辉煌"、什么"现在什么最贵，我处人才最贵"，各种煽情的口号随处可见，再看各大电视台访谈各公司老总，都说公司现在最缺的是人才，尤其是能使公司快速发展起来的人才，弄得他们眼花缭乱，都不知投奔哪一个公司，现在电视台、报纸上宣传急需人才的就是项三了。

项梁的公司自从范增给规划借熊心公司的壳上市后，公司日益做大，业务更加繁忙，可惜天妒英才，项梁积劳成疾，英年早逝，现在是项三掌握实权。

项三一上台就表现出重视人才的样子，一方面项三不惜重金在电视台、报纸、网络上打出招聘人才的广告，另一方面对范增一日三请安，并称范增为亚父，每天好吃好喝，如供佛般一天三炷香，范增也很受用。不过范增有时也很郁闷，跟项三说的话、提的建议，项三表面上哼哼哈哈，但是很少去执行，也不说原因，范增心里想，年轻、不更事，时间长了可能就会好了。

第二章
理财在行动

这时韩信也看到了项三的招聘启事，也来投奔项三了。先是范增面试，范增和他一谈话，发现韩信真是才子。于是就跟项三说，韩信有才，给他弄个副总干干。项三沉思片刻说："我现在１８个副总都是我的铁哥们，让他顶谁啊，再说我现在还看不出他有啥才能，再说我这么厉害，他能给我挡什么事啊，现在管仓库的正好少一个人，先让他管仓库，如他能管好仓库，再给他弄个小官，一级级给他提起来，扫好一屋，再让他来扫天下.就这么定了，你不要说什么了。"

范增想了想又对项三说："要不干脆杀了他算了。"项三笑了，"他又没犯什么法，刚你说要重用他，这时候又说杀了他，开玩乐吗？"范增说："韩信，当代大才，精通理财之道，我怕给他一个小官，他不愿干，再跑到竞争对手那里去，天下财富是一定的，他跑到对手那里去，就等于把财富带走了，不如现在干脆杀了他，以绝后患。""他没那么重要，关键时刻我还能冲上去呢，放心吧，我的好亚父。"项三不以为意地说到，范增闷闷不乐地回去了，找到韩信，对他说："项总说了，先让你管仓库，古语说一屋不扫何以扫天下，同样一个小仓库如果你都理不好，如何能理好天下财呢，先从小事做起吧。"韩信唯唯诺诺地答应着出去了，先混口饭吃吧，这社会叶公好龙的多啊，韩信心中不禁感叹道。

再说张良。张良得到了《草根刘三理财经》这本书，日夜精读，头悬梁锥刺股，一年后觉得这本书不但内容了然于胸，而且天下大势如在掌中，天下财富如在掌中，心中想道，现在如果有人给我一个支点，我一定能撬动地球，现在如果有人给我 100 元钱一年后定能给他带来 10000 元，可是哪里去找刘三呢？这时他在一户人家的围墙上看到了刘三公司招聘人才的启事，张良就奔了刘三的公司来，刘三亲自面试，几句话问下来，刘三高兴万分，笑着说："你真是难得的人才，跟哥们干，有你小子的好处。告诉厨子，天天多上一份饭,我要和张良一起吃,把我那天新打的火狐狸皮的大氅拿来给张良。"

张良一开始听刘三爆粗口,心里有点来气,原来这刘三就是个痞子啊,等到听到要和他天天一起吃饭,又给了个火狐狸皮的大氅,心中又有些感动,这刘三真是老天爷让他发财啊,别看这小子二虎吧唧的,可这收买人心的功底却是到家了,粗俗的语言让你爱也不是恨也不是,但是拉近了距离。

等到说给他拿衣裳,这让张良想起了《诗经》中的无衣,"岂曰无衣,与子同泽,王于兴师,修我矛戟,与子偕作。"用现在的话说,同吃同穿,还能不共同走向致富路吗?

等到吃饭时,张良有意往理财这方面引导,问:"咱家里现在人们对理财什么看法?"刘三答道:"这不老爹刚给我们弟兄几个上了理财课,理财就是要达到财富自由,提高生活品质,可是我们现在的钱都这么一点点,怎么能达到财富自由,更不要说提高生活品质了。"

张良笑着说:"三哥,这不我来了吗,理财钱多钱少都不是问题,重要的是你的理财方式方法要对,就犹如俗语说的吃不穷花不穷算计不到要受穷,你要算计到。""难啊。"刘三皱眉道。张良说:"要不明天我给他们先做一下规划,你看看怎样。"

刘三说:"好,这事你尽快给我做,我主要是想给你一块地盘,韩国公司你去那当头,那块地盘就给你了,你能给我发展多大就发展多大。"张良楞住了,心想,我刚刚和他谈论了一些问题,他就让我独挡一面,我要不干出点成绩来,我也对不起刘三的知遇之恩啊。张良当即表态说:"谢谢三哥对我的信任,我赴汤蹈火在所不辞,我不但要把韩国公司给你经营好,我还要让你成为首富。"刘三哈哈大笑:"咱弟兄俩喝一杯。"

张良用了三天时间就给刘大刘仲做好了理财规划,他把规划书递给刘三,说:"我把这些理财规划书做好了,让他们一步步按照做就是了,只要好好的执行，生活品质就不会不提高。""可是你并没有调查他们，你怎么知道你的规划适合他们呢？"

张良胸有成竹地说："这正是我这本书的可贵之处，我已经设置好了一些问卷，让他们自己答好了，自己答的，受外界影响较小，然后根据自己的情况的方案去执行就可以了，因为对于理财的情况，我们中国人向来有财不外露的传统，有些东西理财师去调查可能也得不到真实的情况，现在我把一些情况都列出来了，让他们去执行就可以了。""好吧，你着急去韩国公司任职是吧，不要着急，祝你成功，我会让我弟兄们按你的理财规划去做的。"

理财巧方法
-草根刘三是怎样炼成的-

理财巧方法
草根刻三是怎样炼成的

第三章

用一天的时间盘点自己

第三章　用一天的时间盘点自己

1. 盘点自己身外之物

刘三拿着张良写的理财规划书去找刘仲,"老二,你是大学生,你还懂得一些知识,你看着张良这本书给我们指导指导,张良说按这本书可以使你们达到财富自由。"刘仲拿着这本书,露出了怀疑的眼光,翻了翻书,这时他瞪大了眼睛,笑着说:"这本书确实不错,就像一个理财超市,不但让你可以自选产品,而且可以自己测评,自己测评就可以更切合实际,毕竟有些东西不想让理财师知道嘛。那么我们弟兄三个先按此书的第一要求,先盘点一下自己的身外之物吧。"

刘大说那我先来吧,刘大根据书中的一些表格,自己测评了一下,

家庭资产负债表

一、家庭成员基本资料注明:

* 姓名		* 性别	
* 年龄		* 职业	
* 学历		* 城市或乡村	
* 家庭		健康状况	
住房情况及来源			

二、家庭资产负债表

资产		负债	
现金及活期存款		信用卡透支余额	
预付保险费		消费贷款余额	
定期存款		汽车贷款余额	
国债		房屋贷款余额	
基金及股票			
房地产		其它借款	
汽车及家电		负债总计	
其它		净资产	
资产总计		负债与净资产之和	

三、家庭月度税后收支表

收入		支出	
本人收入		房屋支出	
其他家人收入		公用费	
其他		衣食费	
		交通费	
		医疗费	
		其它	
合计		合计	

四、家庭年度税后收支表

收　入		支　出	
年终奖		保险费	
债券利息和股票分红		教育费	
证券买卖差价		其它	
其它			
合计		合计	

五、家庭保险状况表

本人投保情况	
家人投保情况	

刘大根据这个表格算了算，这个表格还是很全的，不算不知道，一算也是吓一跳啊，净资产达到了50万，年收入8万。刘大算完一喜一忧，喜的是自己现在也算是小康家庭了，忧的是孩子想出国留学，老婆现在也经常有小病小灾的，谁知将来哪一天又有个大的支出，看来我还得多储蓄、多投资来增加自己的资产啊。

这时刘仲的老婆从外面回来了，"你弟兄三个干吗呢？说的这么热闹，哎呦，还填表，领低保啊。"刘三说："嫂子，你拐着弯的来说小叔子，我现在发财还来不及呢，领什么低保，我这是开始理财啦，现在我的首席大理财师张良给我们弟兄三规划了理财方案，你等着我们发财吧。"

刘仲冲着他老婆说："你就别逗了，咱俩也快来盘算盘算吧，看看咱现在有多少资产，虽然咱刚结婚，可能比大哥资产少不了多少。"

他老婆撇了撇嘴说："你有什么可以说嘴的，那还不是我父母给我们的，等父母老了的时候我们还得孝顺老人家呢，老人现在行下春风了，还等你给下雨呢，还有咱们将来生了孩子，一定要让他受最好的教育，现在连大哥还让他的孩子留学呢，何况咱们呢？你好好盘算一下怎么让这些钱生更多的崽吧，别让我们的生活和你老爹一样，咱们的生活品质要提高。"

刘三在旁边笑着说："就是我现在好，一人吃饱全家不饿。"刘仲媳妇冲着刘三笑道："你糊弄鬼呢，现在外面都在传说，萧县令的好朋友老吕头把女儿雪藏了28年，现在许给你了，老吕头和老吕太太正为陪送女儿嫁妆闹气呢，要不你小子能开公司，你给我们讲讲怎么把老吕头给忽悠的吧。"刘三嘿嘿一笑，"现在这得保密，以后我会解密的，我赶紧去看看老两口去，你两口子可要好好合算一下，头牌理财师给你们做的规划可不能不重视啊。"刘三笑嘻嘻地走出去了。

2. 八级大风把你的财富刮走，你会哭吗？

刘大只顾研究自己的资产负债表了，也没注意刘三和老二家斗嘴，一抬头只见刘三已走出门外，他冲刘仲说："兄弟，不算不知道，一算喜上眉梢，我现在净资产有50万，年收入8万，我的理想是等过两年把孩子送到外国读书，十年后自己再开个小买卖，开个小茶楼，这是我从小的理想，你看儿子出国留学大概需30万，我现在有存款20万，差10万，也就是说等到明年孩子出国除去我年收入还差2万，我今年把20万全都投入到股市，等赚到10%的利润我就跑出来，有10%的投资收益率，就不用借老爹的钱了。"

刘仲看着刘大兴高采烈的样子，对他说："哥哥，看你这么兴高采烈的样子，我先给你泼一盆凉水吧。你如果投资股票赔了怎么办？如果收益达不到

10%怎么办？不要以为10%就是很好赚。这一年中如果万一有人病了需要钱怎么办？如果这一年你媳妇看到别人家的房子好，也想装修房怎么办？这些你考虑了吗？"

"你说的这些怎么办，让我真不知怎么办？本来好好的心情让你弄得我现在很郁闷。""别介，这里不有张良留下的一套试卷，你也来做做试试，看看你的抗风险能力，看看八级风刮走你的财富，你是什么样子的？"

风险承受能力与风险偏好测试问卷

（一）风险承受能力测试

1. 您现在的年龄：

    A 60岁以上　B 46-60岁　C 36-45岁　D 26-35岁　E 25岁以下

2. 您的健康状况如何：

    A 不是很好，要经常吃药和去医院

    B 有点不好，不过目前还没什么大问题，我担心当我老了的时候吃不住

    C 至少现在还行，不过我家里人有病史

    D 还行，没大毛病

    E 非常好

3. 是否有过投资股票、基金或债券的经历？

    A 没有　B 有，少于3年　C 有，3～5年　D 有，超过5年

4. 您目前投资的主要目的是：

    A 确保资产的安全性，同时获得固定收益

    B 希望投资能获得一定的增值，同时获得波动适度的年回报

    C 倾向于长期的成长，较少关心短期的回报和波动

D 只关心长期的高回报，能够接受短期的资产价值波动

5. 您投资的总额占您个人（或家庭）总资产（含房产等）的：

A 低于 10%   B 10%-25%   C 25%-40%   D 40%-55%   E 55%以上

6. 您预期的投资期限是：

A 少于 1 年   B 1—3 年   C 3—5 年   D 5—10 年   E 10 年以上

7. 在您投资 60 天后，价格下跌 20%。假设所有基本面均未改变，您会怎么做?

A 全部卖掉再试试其他的

B 卖掉一部分，其余等着看看

C 什么也不做，静等收回投资

D 再买入。摊低成本，相信自己的判断。

8. 您有没有想过如果有一天您的财务状况发生很大的变化,比如说突然有一笔很大的开支,这笔开支可能会动用您 10%的个人资产或甚至更多：

A 没想过，我感觉这种大变化不会在我身上发生

B 经常想，我很担心整个生活都将变得一团糟，可是我又有什么办法呢?

C 想过一两次，感觉挺可怕的

D 曾经有想过一两次，但是我还年轻，无所谓的

9. 您对您目前的财务状况满意吗?

A 不太好，常常要借钱

B 刚刚好，我要特别小心打理

C 我做的还行，一直按照我人生的规划在顺利进行

D 特别好，现在想买什么就买什么

10. 当您退休后，您计划做什么：

A 节俭的生活，避免把钱花光

B 继续工作挣钱，因为我的养老金估计不够用

C 享受人生，周游列国

D 努力花钱，一辈子不管两辈子的事

（二）风险偏好测试

1. 风险投资于您而言：

    A 我觉得很危险　B 可以尝试低风险　C 比较感兴趣　D 非常感兴趣

2. 您的亲友会用下列哪句话来形容您：

    A 您从来都不冒险　　　　　　　　B 您是一个小心、谨慎的人

    C 您经仔细考虑后，您会愿意承受风险　　D 您是一个喜欢冒险的人

3. 假设您参加一项有奖竞赛节目，并已胜出，您希望获得的奖励方案：

    A 立刻拿到1万元现金

    B 有50%机会赢取5万元现金的抽奖

    C 有25%机会赢取10万元现金的抽奖

    D 有5%机会赢取100万元现金的抽奖

4. 因为一些原因，您的驾照在未来的三天无法使用，您将：

    A 搭便车、坐出租或公车

    B 白天不开，晚上交警少的时候可能开

    C 小心点开车就是了

    D 开玩笑，我一直都是无照驾驶的

5. 有一个很好的投资机会刚出现。但您得借钱，您会选择融资吗？

    A 不会　　B 也许　　C 会

6. 您刚刚有足够的储蓄实现你自己一直梦寐以求的旅行,但是出发前三个星期,您忽然被解雇。您会:

  A 取消旅行

  B 选择另外一个比较普通的旅行

  C 依照原定的计划,因为您需要充足的休息来准备寻找新的工作

  D 延长路程,因为这次旅行可能成为您最后一次豪华旅行

7. 如果投资金额为50万元人民币,以下四个投资选择,您个人比较喜欢:

  A 最好的情况会赚2万元(4%)人民币,最差的情况下没有损失

  B 最好的情况会赚8万元(16%)人民币,最差的情况下损失2万元(4%)人民币

  C 最好的情况会赚26万元(52%)人民币,最差的情况下损失8万元(16%)人民币

  D 最好的情况会赚48万元(96%)人民币。最差的情况下损失24万元(48%)人民币

8. 如果您收到了30万元的意外财产,您将:

  A 存到银行里 B 投资到债券或债券型基金

  C 投资到股票或股票型基金 D 投入到生意中

评分标准及分类:

A×1分;B×2分;C×3分;D×4分;E×5分

风险承受能力类型(最低10分,最高44分)

10～15分:保守型

16～20分:收益型

21～30 分：稳健型

31～38 分：进取型

39 分以上：积极进取型

风险偏好类型（最低 8 分，最高 31 分）

8～15 分：风险厌恶型

16～25 分：风险中性

26 分及以上：风险偏好型

　　刘大算了算自己的得分，风险偏好 20 分，属于风险中性；风险承受能力 25 分，稳健型，这个结果不错。看看张良给我开的药方吧，存银行 20%，债券基金 35%，股票 30%，黄金 20%，这个比例我还是可以接受的，也比较符合我的实际。刘大心里想，他又看刘仲的得分，风险偏好 26 分，风险承受能力类型，进取型。

　　"老二，毕竟你年轻，你失败了有翻本的机会，你是进取型的，是不是就犹如买了盈利权证？"刘仲笑着说："没有你说的这么好，亏了钱我自己也是要承担的，不过我投资的比例银行存款 10%，债券基金 20%，股票 55%，黄金 15%，这个比例也比较适合我，我也想炒炒股票，多得点收益。"

　　老大说："老二，你说咱爸妈是属于什么类型呢？刘三这小子又属于什么类型，咱也给他们测试测试。"刘仲不耐烦地说："不用测，咱爸妈肯定是保守型的，钱除去银行存款就是买了国债，咱爸年轻时是积极进取型的，钱 80% 都投资了股票，刘三这小子现在也继承了老爹的脾气，现在他也是把大部分钱投资在股票上了，可是咱老爹现在变成了一个收益型客户了，毕竟年龄大了，你看他银行存款占 20%，债券基金占 50%，股票只占 15%，黄金占 15%，

57

这是典型的收益型客户。""怪不得你读书读得好，秀才不出门便知天下事，把他们的情况分析得差不多。"

3. 理财的目标就是一个数字

"你们都测试出来了吗？"这时刘三大大咧咧地从外面走过来，"老三，我们都测试了，你也来测试一下子。"

"我不用测，我现在没有什么资产，只有一个聪明的大脑，我积极进取就行了。你们把自身的外部情况和本身能承受的风险都测试了，这只是理财的第一步，认识自己，不光认识自己，还要提高自己。我们理财的目的是提高自己生活的品质，理财是为了实现我们个人生命目标的一个手段，我们的人生目标不是理好财，能攒多少钱，那是钱的奴隶，我们理财就是做钱的主人，让钱为我们的人生目标添光彩，从这个角度看我们理财规划，首先要有一个生涯规划，理财规划就是要在财务上保证生涯规划的实现，先把自己人生目标规划好，再来谈理财目标。"

老大说："我还有什么人生目标啊，我现在就想把孩子送出国留学，我那个破车也想再换个高档的，房子再住宽敞一点，还想出去旅游旅游，这些只是我眼前的目标，其实有一个深深埋藏在我心中的大目标，那就是我想带父母到苏杭住一段时间，上有天堂下有苏杭嘛，父母养我们不容易，别留下树欲静而风不止，子欲养而亲不在的遗憾。"刘仲说："我其实比大哥还有一个目标，那就是等我赚够了钱，我想弄架飞机玩玩，以实现我儿时想飞上天的梦想。"

刘三很认真地说："张良临走跟我说，任何目标都是要可以衡量的，越具体越能实现自己的目标，为了完成目标我们可以倒推，看今天我们和目标还有多少距离，然后根据实现的程度调整自己的措施，使目标可以尽快实现，

第三章
用一天时间盘点自己

同样理财目标也要具体，比如说大哥的理财目标 2 年后孩子上学需要 20 万，3 年后换个车 20 万，5 年后房子 100 万，也就是说现在要规划 2 年后 20 万，现在需要怎么做，3 年后 20 万现在怎么做，5 年后 100 万现在需要怎么做，这是你现在的目标，然后等 1 年后看看自己的目标是否实现了。

"二哥你的理财目标也应这样设置，只是你想开自己飞机的梦想，只怕是个梦想，因为你的理财目标太不靠谱了，你以为你通过挣工资，再加理财就能成亿万富翁？所以说你的目标要具有合理性，且可以实现。理财目标在设置上要考虑现有的财务资源以及今后可以获得的财务资源，以及对待风险的态度，既不能过于保守，也不能过于激进，因为保守的财务目标尽管很容易实现，但同时也使自己由于过于消极而不能达到本身可以达到的生活水平，而一个激进的财务目标将会使自己承担超出自己能够承受的风险水平，或者由于完全不可能达到而失去意义。"

刘大和刘仲同时问刘三："你说的一套一套的,你的理财目标是什么呢？"刘三笑道："燕雀安知鸿鹄之志，现在我帮你们把财理好了，以后就免去了我的后顾之忧，我现在心中有很高的理财目标，我的理财目标分成好几级，但是我现在最优先的目标是攒够足够的钱，让咱爸妈先去旅游一圈。"

刘大撇了撇嘴："你就忽悠吧。你说说你这样安排的道理。"刘三认真地说："父母年龄大了，这是不等人的，我必须现在安排，你们就不用操心了，再说我这个优先级别的目标也会很快实现的，其他的目标如果随着时间的推移，如果显示出不能达到的迹象时，我会立刻调整理财计划，反正有首席理财师呢，我也不怕。"刘大刘仲不禁双双伸出大拇指："小老弟，好样的，你有这份孝心，还有什么不能成功的。"

第四章 松鼠式理财方式

理财巧方法
草根刘三是怎样炼成的

第四章　松鼠式理财方式

松鼠贮藏食物的习惯那是值得许多人去学习的。每当果实成熟的时候，我们就会看到它们嘴里含着胡桃、橡实或者其他好吃的东西，从一个树枝跳到另一个树枝，在这蹦蹦跳跳中它们的贮备就会增加。

在松鼠的仓库里，有胡桃也有其他植物种子，但没有一个是腐烂的或生虫子的，质量都很好。松鼠的仓库很多，然而其中一些可能会遭受到风雨和冬季猛烈的暴风雪破坏，仓库外貌形状的改变可能会让它再也无法找到。

松鼠储藏食物的方法是不是和我们一些人的理财方法很相似呢。

所谓松鼠理财方法便是指有了收入便存入银行或购买国债，这样做的好处便是可以获得固定的收益，而它的弊端也是显而易见的：1.失去了获取高收益的机会。2. 在通货膨胀时，由于有时名义利率低于实际利率，实际收益可能不但不会增，还有可能降低，就犹如松鼠贮藏食物因为外面的地形变化而损失掉一些食物一样。

但是这样的理财方式优点也是很大的，省心省力，只需要把挣来的钱存起来就可以了，也不用考虑投资风险什么的，另一方面不用担心投资市场的起起落落，也就是股票市场的起起落落基本上和这种理财方式是无关的。当然这种理财方式理好了，也会使自己的生活品质得到提高，在股票市场低迷时，也不会担心自己的存款会缩水，反而可以获得大量的时间和好的心情，去做自己喜欢的事，不过这种理财方式也有技巧，笨的松鼠和灵巧的松鼠同样贮藏食物，可能的结果也会是千差万别呢。

1、笨松鼠的理财

刘老太听到刘老汉给孩子们讲理财,有点阴阳怪气地说道:"老头子,你别赶时髦了,你别瞎忽悠孩子了,你看我这么多年没理过财,我就把每月的工资扣除柴米油盐酱醋茶,我都存定期,一年一年的倒存,现在也有12年了,每个月都有到期的存单,你看每月的利息都够我买酱醋盐了。

"老头子你炒了一辈子股,前段时间不是说的你,姚明进去潘长江出来;奥迪进去,奥拓出来,穿西装进去,穿短裤出来;鳄鱼进去壁虎出来;牵狗的进去被狗牵着出来,你刚被狗牵出来,你又想让孩子们再被狗牵出来吗。你就让他们学我这样和松鼠似的理财就行,我这样理财不是很好吗?"

刘老汉瞪了她一眼:"你这旧老婆子,要不说你头发长见识短呢,你光看到我落汤鸡样,没看到我做凤凰的时候了。那时我多么风光,那时我怀揣1万元,我也曾炒到了100万,我也曾是刘百万,我那时作报告、演讲,我那么风光时你怎么不说啦?

"现在我先说说你这种理财方式的弊端,你觉得每月都有到期的存款可以防着急用钱,觉得你的流动性很好,其实你的流动性是最差的,因为国债得持有到期,存款得满期才能得到约定利率,去年老二结婚,你提前支取了多少存款,损失掉了多少利息。

"你存定期还不如买时下各银行发行的人民币理财产品呢。现在的理财产品比你那些定期存款收益也高啊,从收益上看,国债和定期存款的到期收益率是相对固定的,如果 CPI 很高,比如存款利率 3%,CPI4%,也就是说你存银行 100 元钱,一年后你能得到 103 元钱,可是现实中现在 100 元钱买到的东西一年后你要用 104 元钱去买,从这个角度看你存 100 元钱你还是赔钱的,尤其是在升息周期里,国家有可能一年升七次息,难道你七次都提前支取吗?你看老大就听你的,现在看看他过的日子,时不时还来蹭吃我。"

第四章
松鼠式的理财方式

老两口在这正拌嘴呢，越说声音越大，这时刘大听到了，心里说，这老两口，放着好好的日子不过又吵什么了，真是没事找抽型的。他来到老两口的门口。

2. 灵巧松鼠的理财

刘大听到父母这边吵的声音越来越大，就赶过来问："怎么了，老爷子这么大火气，有话好好说。"刘老汉瞪了他一眼："你这些年光听你妈的了，你攒了多少钱，到时候还不是来揩我的油。"刘大笑了，说道："老爸，没有调查就没有发言权，这还是你经常挂在嘴边的一些话呢，我毕竟还念了几年书，比我妈肚里的墨水还多几瓶，我这种存款方式比我妈好得多呢。"刘老汉说："你别吹牛，说说看。"

刘大就打开了话匣子："我这叫梯级存款，一是时间的梯级，比如说我五年后想买个20万的车，我今年存4万5年期存款，第二年存4万3年期的，第三年存4万3年期第四年存4万再加上第二年存的4万共8万存2年期，第五年初存4万一年期，那么到第五年头上我就有20万可以买车了。"

"另一个是金额的梯级，我的预防资金就是这个存法，因为为了防备意外急需用钱，我把金额分为1万、2万、3万、5万这样的几个梯级进行存，急需用多少钱就可以支取接近急需的钱的那一个存单，这样就避免了提前支取一些存单而不得不承受的活期利息的痛苦。"

"再一个是存款种类的梯级，就是我拿三个月的工资存活期，其他的一部分存定期，一部分存银行的理财产品，这样我的存款可攻可守，比你那样年年倒存不知要好上多少倍，另外现在银行还有7天、1天通知存款，很适合周转资金快的情况，还有货币基金，回款也很快，也可以存的。它的风险也很小，类似活期，我这里还要告诉你们一个秘密，一般货币基金多是年底

理财巧方法
-草根刘三是怎样炼成的-

分红，一进十二月份买点货币基金等年底分红，我是尝到了甜头。当然存款还有一个特别的技巧是必须要掌握的，那就是在升息周期中存期要短，以免升息时自己少得利息，而在降息周期中要存长期存款，以锁定利率，使存款不至于因降息而损失利息。"

刘老汉嘿嘿一乐："你这个存款方法还真是值得研究，比你妈的那个笨办法灵活多了，不过你这个方法不是最好的，我这些年走南闯北，听到了更好的理财方法，想不想听？""老爸，你就不要卖关子了，快讲讲吧。"

3. 有眼光松鼠的理财

有眼光松鼠的理财，并不是把钱全部存入银行或买证券或股票，而是投资于有潜力的实物资产中，等到用钱时再把这些实物资产变现，这些有潜力的资产是房产、黄金、瑞士名表、珠宝。

当然这需要你有眼光，有眼光就是懂逻辑、会推理，当然眼光也就是比平常人多看10米，前面10米有钱，有眼光的人先看到了，等其他人看到了，有眼光的人已跑过去捡起来放到兜里了，这就是所谓有眼光。"

我们下面就听听走南闯北的刘老汉讲的有眼光人的故事吧。

第一位说的是，项三，下相人也，字羽。初起时，年二十四。其季父项梁，梁父即楚将项燕，为秦王王翦所戮者也。项氏世世为楚将，封于项，故姓项氏。项三少时，学书不成，去；学营销，又不成，项梁怒之。三曰："书足以记名姓而已。营销一人足亦，不足学，学万人敌。"于是项梁乃教三股法，三大喜，略知其意，又不肯竟学。

项三就是这样一个人，没长性，可是人家有没长性的能耐，那就是眼光比较高，思维比较超前，正是这些优势使其在理财方面斩获不少，当然最后也正是他的这些性格导致了他炒股的惨败，不得不跳江自杀，

第四章
松鼠式的理财方式

这是后话。我们现在先来看项三发迹前的生活。

项三购买保值产品俘获了虞姬的心。项三一晃二十多岁了,娶媳妇也好几年了,男人有钱就变坏,这是千古不变的道理。给男人找个理由,男人犹如一把大茶壶,钱就像壶中水,水满则溢,不能白白浪费,一个茶杯斟满水,那么就再来一个呗,这是千年后某公的经典说法,其实早在二千年的项三已经开始实践了。

项三毕竟是宦门之后,有家底,就犹如他在学艺时的表现,不能竟学,在感情上亦复如是,家里要房有房,要马有马,媳妇漂亮,房屋宽敞,项三有钱,又是典型的有钱不花手痒型的,就去猎艳。找谁呢?

虞姬手如柔荑,肤如凝脂,领如蝤蛴,齿如瓠犀,螓首娥眉,巧笑倩兮,美目盼兮,国色天香,美若天仙,窈窕淑女,天生丽质,一时项三也想不出更多的词来形容虞姬了,就她了!

采用什么攻势呢,先花 8 万银子买了一块瑞士"劳力士",雇了 8 个人每天等在虞姬下班经过的地方,问同一句话,:"小姐,几点了?"虞姬每天也回答同一句话:"不好意思,我没带表。"等到第 9 天,项三来了:"虞小姐,今天这身衣服好漂亮啊。"

"一般、一般,全国第三。""你看你这胳膊多漂亮啊,来我帮你把包背着吧。"说着项三就把虞姬的包背过来,虞姬说:"无事献殷勤,非奸即盗,你离我远点吧。"项三嘿嘿一笑:"这都什么年代了,你一点流氓意识都没有,我不是喜欢你吗,我爱你,我想盗你的心。"说着项三单腿跪下,从怀中拿出一个小红盒,虞姬慌乱地说:"这也太快了,让俺一点心理准备都没有,俺娘说了,不能要不熟悉人的戒指。"

项三笑起来,"这不是戒指,这是我叔叔从瑞士捎过来的表,很漂亮,我发现全世界的女人也只有你合适佩戴这只表。""很贵吧?""我也不知道价，瑞士国王送给我叔叔的，我叔叔给我了，他还有一块呢。"虞姬接过来，"恭敬不如从命吧"，女人第一次接受了男人的东西，就会有第二次、第三次，最后会把整个男人接受下来的。

过了几天项三又开了一辆红色的小车停在虞姬的面前，"亲，上来吧，给你的。"虞姬也不客气，开的还算顺手，"你这排量多大的，很费油吧。""1.9的，象征我们的爱情长长久久。"项三笑着说，过了两个月，项三又给虞姬买了1枚1克拉的钻戒，虞姬每天都乐呵呵的。

好事不出门，项三的老婆很快的知道了项三这些事，他老婆很生气，后果很严重。这一天项三老婆把项梁他们都叫来了，对项三说："你怎么回事，和小虞是怎么回事，说不清楚把你沉塘。"

项三哈哈笑说："我那是投资，我买的劳力士，放在她哪里磕不着，碰不着，过些年卖出去不会贬值，那1克拉的钻戒，更是可以升值的，随着时间的推移，钻戒每年能增值4%-5%，这都是我的投资。"

"那车呢？""我就给她买了个1.9的，性价比还可以，我没买2.0的，2.0的卖30万呢，性能提高很少，价格很高的产品我不会去买的。"项三老婆急了："你别给我装糊涂，你凭什么给小虞买，不给我买。"

"货有过期日，人有看腻时，你在我心里牛B的时间已过了，你爱咋地咋地。"项梁赶紧打圆场："不行，你们先分开几天再说。""不行，我要把他沉塘。""别这样，你看这样行不，把房子归你，把项三扫地出门。"这样项三就开始和虞姬一块出来买房了。

项三看好一处小区，城市中心地段，知名开发商开发，听说房屋品质在这个城市中绝对是NO.1，虞姬说："咱就别买这么贵的房子了。"

项三笑了："你是我心中的NO.1，就要让你住NO.1的房子，这房子不会贬值，这几年房子一直都在升值，因为人们有刚性需求，再加上农村人口

第四章
松鼠式的理财方式

向城市转移，再加上人们的炒作，丈母娘逼姑爷买房，房子一直都在升值，我们买的这一处房子，城市中心地段，各项配套措施好，房子品质又高，就是万一以后想卖了它只能升值，不会贬值的。"

"你看现在房价已经这么高了，楼市已处于繁荣后期了，不知道你怎么想的。"虞姬抱怨道。项三说："这正是我买这么贵的房子的理由啊，房子贵，说明这儿的房子地段好，品质好，随着富人的越来越多，富人购买力的增长会大大快于低收入人群的成长，所以越往后，越贵的楼盘涨得越快。""你这听着也有点道理。""那是，买值得买的东西，花钱也能赚钱，这是我的人生信条。"

再说下一个有眼光的奇老头，那就是吕雉的爸爸吕公。故事还要从刘三被萧县令邀请喝酒一事说起，汝南地区单父县，有位人称为吕公的望族名士。

吕公为人仗义疏财，地方影响力颇大，因此得罪了当地的豪族恶势力，不得不举家迁居于沛县。由于吕公和沛县县令是故交，因而立刻成了贵宾，加上吕公知名度高、形象好，沛县中的大小官吏也都想乘机结交认识他。

萧县令也想通过这件事捞点银子，所以县令特别帮吕公办一场接风宴席。为了多得银子，萧何把座位分成数等份，其中有贵宾席，也有自助餐，并宣布贺金千钱以上为贵宾，可进入内厅直接会见吕公，其余者在外厅及前庭等待吕公出来和大家打招呼。

两千年后的美国首富巴菲特也学会了这手，和他吃饭还得给他钱，其实我们中国应该告他侵犯知识产权呢，便宜他了。这也是一种特殊的理财方式吧，面子够大，卖价更高。

不说巴菲特再说萧何，大家看到萧何郑重其事，也不敢争执，有能力的人进入内席，其他的委屈暂坐在外面。亭长官不大，收入也不多，一般都只坐在外面。

但刘三可不在乎官位大小,一向喜欢开玩笑的他,竟大大方方直入内间,大声喊道:"贺金万钱!"实际上,刘邦身上一毛钱也没有,但他仍大胆要求拜见吕公。负责接待的人大感为难,正不知如何处理,吕公听到有人如此大手笔,大为惊讶,也将视线移向刘三,却不禁为这位浪荡美男子的长相大吃一惊,立刻站起来,亲自到门口迎接刘三。

原来吕公颇通相术——尤其面相更是当时识人的准则,乍见仪表非凡的刘三,竟当场为他的奇相和气势所震动。萧何深知刘三底细,眼见这个玩笑开大了,只得出面替他解围。他不好意思地向吕公表示:"刘三这个人好夸大言,做事情不知分寸,您就不要和他计较了。"

吕公却笑着说:"不妨,不妨,他也算是够诚意的了。"于是吕公亲切地将刘三引入内厅,并让他坐在自己身旁最尊贵的位置。刘三可一点也不客气,在县府的高官面前,落落大方地和吕公谈笑风生,宛如老友。

宴席中,吕公数度以目暗示刘三不要早走,显然有事相告。刘三解其意,便留到宴席结束以后。众贵宾还以为刘三是吕公久未谋面的老友,故也不特别在意,吕公在送走所有的宾客后,便将刘三带入后堂,并替他引见吕公夫人及女儿吕雉。

吕雉退入后房,吕公便当着夫人的面,对刘三表示:"我年轻时,便喜好相术,积这么多年的经验,对面相更是别有心得。但在我见过的那么多面相中,没有人能和你一样,额头宽阔,下巴宽厚,两腮饱满,线条圆润,眉间疏朗平滑,有贵人助,耳朵轮飞廓反,眼亮鼻高,希望你不要妄自菲薄,应努力当个首富。"这番话,倒让一向大方的刘三傻眼了,一时间不知道怎么回答。

吕公更明白表示:"我的女儿,你也见过了,如不见弃,愿作为你刘三的妻子,一辈子侍奉你。"已三十多岁犹未有姻缘的刘三自是高兴得满口答应了。

第四章
松鼠式的理财方式

倒是旁边的吕夫人，大吃一惊，对这位不甚长进的中年人实在没有好印象，在爱女心切下，也顾不得礼貌，便直接质问吕公："你不是平日常说我这个女儿是贵人，不可随便许人，前些日子县令欲纳之为妾，你也当面拒绝，不怕得罪高官，怎么如此随便就许给了刘三呢？"

吕公微微生气表示："这种事不是你们妇道人家会了解的，那些面相只是一个方面，你看他的性格就是富贵人的性格，不放过结交富人的机会，这次宴会比他强的多了去了，你看到谁能和我一桌吃饭，刘三没钱也要和我一起吃，说明这个人有强烈的发财愿望，没钱怎么接近我，大造声势，说给我送10000两，吸引我注意，说明这小子会炒作，有技巧，就凭这两点我就敢说给这小子一个支点，他能把地球给卖了，他不能成首富谁能成首富？"吕夫人没词了。吕雉便在父亲的坚持下，嫁给了这位官职低微又表现不佳的泗水亭长刘三。

吕雉便是日后的吕后，当时可还是清纯可爱、娇滴滴的美少女，这只是表面现象，实际上吕雉可是一个有心机的女子，他看到父亲把她嫁给了一个瘪三样的刘三，心里很不高兴，可是看到父亲心意已决，知道胳膊拧不过大腿，心想算了，嫁鸡随鸡，嫁狗跟着狗走吧。

吕公见女儿答应了，很高兴，就对吕雉说："闺女，你要什么嫁妆你只管说，爸爸给你办，什么家具、电器、汽车，你说要什么吧。"吕雉说："我要什么你舍得给啊，别到时我说了你又舍不得，那多尴尬啊。""这小妮子，爸爸说话算话，只要你说出理由来，要什么爸爸给什么。"

"一言为定？""一言为定！""一千两黄金"吕公心里说，这妮子可够狠的，"给个理由呗。"

"我要说刘三家穷，你就会说我给你买东西不可以吗，没房我给买房不就可以吗，所以我对陪嫁黄金的必要性不讨论，我主要给你说说黄金的特点：

71

理财巧方法
-草根刘三是怎样炼成的-

"a、产权转移便利。假如您手头上有一栋住宅和一块黄金,你给我黄金,我直接搬走就可以了。而如果你给我住宅,还要办理过户,如果想把房子留给我的孩子还得办理遗产继承,交遗产税,而黄金直接让他拿走就可以了。

"b、地球上最好的抵押品种。如果我和刘三结婚后想做个小买卖,资金一时周转不灵,我可以直接拿黄金去抵押,黄金抵押只需一份检验纯度的报告就可以了,不像古董字画,因为市场赝品很多,黄金抵押就很有优势了。

"c、黄金能保持久远的价值。不管房产还是汽车还是家具,经过岁月这把杀猪刀的砍剁,都会不同程度的贬值,而黄金本身的特性,即使失去本身的光泽,但是质地根本不会发生什么变化,黄金是一种恒久的物质,地球人都知道。

"d、黄金可以有效对抗通货膨胀。通货膨胀导致货币缩水,但是黄金却会随着通胀而相应的上涨。所以说,我要黄金,才能避免我的嫁妆在通胀中变少。这几条理由还不够吗?"

吕公笑着说:"不白是我的女儿,有这几条就行了。不过我要提醒你,结婚后也要注意投资一部分黄金啊。"

刘三哼哼着小曲往家走,在路上得意地想,看来还是我的眼光高啊,知道人生最好的投资是对婚姻的投资,我这投资经让巴菲特好好研究研究吧。

兔子的理财方式

第五章　兔子的理财方式

1. 小白兔闲理财

老山羊在地里收白菜，小白兔和小灰兔来帮忙，收完白菜，老山羊把一车白菜送给了小灰兔，小灰兔说："谢谢你。"老山羊又把一车白菜送给小白兔，小白兔说："我不要白菜，请您送给我一些菜菜籽吧。"老山羊送给小白兔一包菜籽。小白兔回到家里，种上菜籽。第一年，风调雨顺，小白兔什么也没管，白菜很快长大了。

小灰兔把一车白菜拉回家里，他不干活了，饿了就吃老山羊送的白菜。过了些日子，小灰兔家里的白菜吃完了，他又到老山羊家里要白菜，可是他吃惊得发现，小白兔拉着一车白菜给老山羊送来，小灰兔疑惑地问小白兔："你的菜是哪里来的？"小白兔很骄傲的说："我的菜是用老山羊给我的那一包种子自己种出来的。"小灰兔听了也管老山羊要了一袋种子。

第二年，小白兔和小灰兔都把种子种在地里，可是开始天气干旱，后来又下了很大的雨，地里又长出了很多草，长出来的菜也生虫了，小白兔和小灰兔不知该怎么办，他们仍想着到时候可能白菜会变好的，可是到收获的时候，白菜长得又小又丑，只收获了一点点白菜，连半车也没有，小灰兔说："还不如要老山羊的一车白菜呢，现在连半车白菜也没有了。"小白兔说："去年我就是这样种的，可是收获了很多白菜，这是怎么回事呢？"

以上这就是小白兔和小灰兔的故事。同样我们在理财的时候也经常会出现这样的情况。本来有 10000 元，可是经过我们投资股票、基金，最后可能成了 8000 元，还真是不如放着 10000 元呢。

也有的是投资了一次股票，收益不少，就以为炒股按着自己的方法炒就行了，可是后来会发现自己再按原来的方式炒股，结果不但没能赚到钱，反而赔了不少，怪不得有人问怎么把股票炒到 100 万，万无一失的答案那就是先投 1000 万买股票。那这是什么原因呢？怎么避免这种结果的出现呢？下面刘仲的情况可能会给你一些启发。

2. 刘仲的醒悟

刘仲新婚不久，老岳父给了点钱，结婚收礼也收了点钱。

手中有了点钱，刘仲就想炒点股，都说炒股得有三闲境界，"闲钱、闲时间和闲心"。

刘仲认为自己是具备这几个条件的，"闲钱"指的是多余的、暂时不派用途的钱，而自己现在手中的钱既不是养家糊口、养老防病、养育子女的，也不是拿住房做抵押、拿银行贷款或从亲朋好友处借来的"违规资金"。况且也不全拿出来，拿出 100-年龄 25=75 ，好了，拿出 75%炒股吧。

"闲时间"指的是工作之余，把"炒股"作为一桩"闲事"来做，不能把"炒股"当主业，也不能把"炒股"当"再就业工程"，更不能置本职工作于不顾，在上班时间或办公时间炒股。我现在的闲时间可以说还是有的，我刚结婚，国家在我这"婚姻研究生"阶段还给了半年的时间，时间也有了。

"闲心"指的是当你还有多余的时间和多余的精力之时，静下心来认真寻找下一个投资目标，慢慢翻检自己的投资成果，适当关心一下自己所持有的金融资产的分布情况。现在我闲心也是有的，除去研究"生"，现在是什么心事也没有。刘仲这么分析自己，觉得现在的股市就是给自己预备的，他想甩开膀子大干一场。

第五章
兔子的理财方式

刘仲想选哪一只股票好呢？自己没经验，听听闻名的杨百万怎么说。这时电视正播放杨百万的讲座，现在实录如下：

选入四好股票是基础。何谓四好股票呢？就是一只股票需要满足下面四个标准：好的行业、好的管理层、好的产品、好的机制。如果一家企业可以满足上述四点，就可称其为一只好股票，并且从长期来看将有不错的回报。我这么多年实战经验的总结，做好价值投资并不难，只要坚持买入四好股票，就有望获得相对良好的投资回报。

那么，有了上面的标准，在选择时还需要学会使用周线。日线是股价每天波动的反映，但是如果我们过分沉迷于每日的股价涨跌，会只见树木，不见森林，因此要从更长的周期把握股价的走势，还得应用周线图来观察。

一般来说，在周线图上，我们可通过观察周线与日线的共振、二次金叉、阻力位、背离等几个现象寻找买卖点。

周线与日线都向上。周线反映的是股价的中期趋势，而日线反映的是股价的日常波动，若周线指标与日线指标同时发出买入信号，信号的可靠性便会大增，这就是一个较佳的买点。

日线是一个敏感指标，变化快，随机性强，经常发生虚假的买、卖信号，让你无所适从。运用周线与日线共同金叉，就能过滤掉虚假的买入信号，找到高质量的买入信号。

周线二次金叉。当股价（周线图）经历了一段下跌后反弹起来突破30周线位时，称为周线一次金叉，此时往往只是庄家在建仓而已，我们不应参与，而应保持观望；当股价（周线图）再次突破30周线时，称为周线二次金叉，这意味着庄家洗盘结束，即将进入拉升期，后市将有较大的升幅。此时可密切注意该股的动向，一旦其日线系统发出买入信号，即可大胆跟进。

周线的阻力。周线的支撑与阻力，较日线图上的可靠度更高。60周均线就是日线图形中的年线，但单看年线很难分清突破的意愿，走势往往由于单日波动的连续性而不好分割，而周线考察的时间较长，一旦突破之后稳定性较好，我们有足够的时间来确定投资策略。

周线的背离。日线的背离并不能确认股价是否见顶或见底，但若周线图上的重要指标出现底背离和顶背离，则几乎是中级以上底（顶）的可靠信号。

刘仲看到这里，觉得像是得到了葵花宝典，赶紧又把这几个指标研究了一番，对照上市公司，觉得现在赵高的梅花鹿股份和这个要求差不多。

"好的行业"——现在特色养殖是朝阳产业；"好的管理层"——赵高现在周围围着一些高官，都是学历好，层层选拔出来的；"好的产品"——产品直供皇宫；"好的机制"——现在听说公司内人都围着赵高转，机制不好能这样吗，更重要的是该股票刚刚七元，都说七上八下，就他了。

刘仲这就准备钱买，这时他媳妇不愿意了，"你具体了解吗？""报纸电视都说这个公司好，另一方面，现在它的技术指标也适合我买，你就等着数钱吧。""不行，你那些钱如果全部套住，你让我喝西北风啊。这钱咱们一人一半，你买你的股票，我买我的基金，到时候看谁的收益高。""你说的基金，说得好，专家理财，我看有的也是靠天吃饭。"

"你十个手指还不一般齐呢，我会选基金公司，现在什么也不多说了，咱们比一比不就可以了吗？"就这样一人30000元，刘仲买他的股票，他媳妇买基金。

第三天，刘仲的30000元就变成了40000元，而他媳妇的基金才变成31000元，刘仲一看这样，又偷偷把自己的10000元私房钱也买了梅花鹿股份了，刘仲美，对他媳妇说："怎么样，你看我几天的时间就赚了10000元，你那个像是蜗牛般，怎么和我比。你看今早起报纸上还登出梅花鹿公司要上养马项目。"刘仲他媳妇说："你别美的太早了，有你后悔的时候。"

第五章 兔子的理财方式

没想到两天后，刘仲的50000元又变成了30000元，刘仲就纳闷了，怎么利好股票反而会跌呢，电视上分析，利好出尽是利空，这是正常现象，股票还会反弹，这只是技术性修正，刘仲心想，还有翻本的机会。

时间就在这起起落落中过去了半年，刘仲的40000元本钱现在还变成了30000元，再看他媳妇的30000元已变成了40000元，这天他媳妇对刘仲说："怎么样，你这半年吃不好，睡不好，30000元钱还是30000元钱，你看我买基金，专家理财我赚了多少，还是跟着我买基金吧。"

刘仲暗中叫苦，心想我那10000元私房钱就这样打了水漂，连个响声都没听到，不过他还是认为自己的股票会，他说："你没看到我这30000元还曾到过50000元呢，再等几天一定还会涨的。""不行，没机会了，赶紧就着现在不赔钱卖了，以后你上班还有空炒吗？有空炒的时候都没炒好，没空时还怎么去炒，赶紧给我把股票卖了，听我每晚给你讲养基的知识吧。"接下来的时间刘仲每晚不得不听他媳妇讲基金的知识，不过他们的财富也随着对基金的了解增长了很多。

3. 怎样选基金

刘仲老婆说："证券投资基金是通过分散化的方式投资于证券市场来获得收益的投资工具。按投资对象分，基金一般有三种最基本的类型：货币市场基金、债券基金、股票基金。货币基金主要投资于政府或政策性金融机构发行的短期证券。基金资产80%以上投资于债券的，称为债券基金。""那么基金资产在80%以上投资于股票的，就是股票基金呗。"

刘仲拉长声音说道，他老婆给了他一个白眼儿："一是一道，二是两道，三是三道，四就是四道呗，要不你炒股赔呢，太形而上了，不知拐弯，投资于60%以上的是股票基金，但是你要记住，这个比例也不是固定的，基金公司会根据投资市场的情况,会调整投资比例,选基金你也像当年选择我一样,不要光听外边人们怎么说,要多看多想多总结。""我不也是听别人介绍的你吗?"

"当然一开始可以听听经验丰富的人的介绍,比如银行理财师什么的,但是最后要记住不要当小马过河,要根据自己的情况试试,最后就会变为老马识途,你自己要评估一下自己适合哪一类型的基金,另一方面你还要考虑好你的投资比例,不能超过自己的承受能力。""行了,老婆,我自己的情况已经做过评估了,现在你给我讲讲基金具体怎么选吧。"

"选基金,还是要选业绩,主要看这只基金未来能给你带来多少收益。我们就先说怎么样比较基金的业绩,衡量基金业绩的指标叫总收益率,人们一般用这一指标来衡量基金收益的高低,它是最全面的,投资基金的收益有基金分红和价差收入两部分,总收益率就是两部分收益加在一起除以初始投资,表示一段时间内投资价值的变化。比如去年老妈一月一日买了10000份基金,每份价格1元,老妈选择现金分红,去年,共分红6次,每次每十份基金分红0.213元,我们计算去年老妈的收益,去年底每份基金份额净值为1.015元。

分红总额=每份基金分红额×持有份数=0.213/10×6×10000=1278元

价差收益=(期末份额净值-期初份额净值)×持有份数=(1.015-1)×10000=150元

总收益=分红总额+价差收益=1278+150=1428元

总收益率=总收益/初始投资=14.28%

如果老妈选择红利再投资,计算方法就更为简单

总收益率=去年底基金份额净值×当日账户中基金份额总数/初始投资

我们经常想把它的收益率和银行的存款利率比较,我们就可以把它的收

益率化为年收益率。当然上边举的例子是比较特殊的，就是一年时间，它的收益率就是年收益率。

如果咱妈不是去年1月1日买，而是4月1日买，则我们计算的就是她9个月的收益率，我们用 14.28%/270×365=19.30%，这就是她的年收益率，我们就可以通过这个指标来比较基金的好坏，和银行存款比较就会比较直观了。

通过这个指标比较时要注意这其中得是同类型的基金，否则它们没有可比性。现在一些评级机构把基金分为股票型基金、债券型基金、配置型基金、货币市场基金和保本基金，这些工作也不用你去一一比较，有许多评级机构给你比出来，当然这些结果只是说明这些基金的过往业绩，并不代表将来，我们只能按着他们的结果参考一下。

对我们想投资的基金还可以做一下纵向比较，比如说一个股票基金去年一年的回报率达20%，这样的收益水平是高还是低，这就需要了解证券市场历史的收益水平，所以我们应以长远的眼光看待基金，这几年我们国内基金投资业绩的平均年度净增长率在-14%--50%不等，起伏很大，所以对投资基金我们要合理预计基金业绩，理性对待短期的暴涨暴跌，短期业绩不代表全部，要用长远眼光看待短期投资业绩。"

"老婆，你都把我讲迷糊了，还是睡觉吧。""不行，我得看看你是否真正掌握了，我才能奖励你。""要挟我，睡完觉，我给你讲买卖基金要心中有数，看看我听课效果如何。"

4. 买卖基金要做到心中有数

睡完觉后，刘仲说："俗语说得好，要想学得会，必得跟师傅睡。我这些日子也对基金进行了研究，买基金要从以下六个方面考虑。"他老婆说："行啊，说说看。"

刘仲张开大嘴说道："买基金要看基金管理公司的实力，一家运作规模较大的基金管理公司比运作规模相对较小的公司拥有更多的客户群、更充足的资金、更强大的市场影响力、更完善的基金产品线、更具有品牌价值。"

他老婆嗤了一声，"让你这么说，大就是好呗，笸大不值席钱，你用高粱秆子做的大笸，再大它也没席值钱。"

刘仲不高兴了，"别打岔，我还没说完呢。你还得了解基金过往业绩。以前的业绩虽然不能全部代表以后的业绩，但是过往业绩好的基金，它会积累投资经验，在以后的基金投资中往往会有不俗的表现，说白了，基金投资不但是技术活，更是经验活。有经验的猎手逮着的猎物就是多，你不服不行的。"

刘仲老婆又插言道："你这个筐装什么基金都行呗。""别打岔，别打岔！世界上找不出两只一样的家雀儿，哎呦，我这是不是很有哲理啊。当然基金也一样，要分析基金，还要看基金产品投资组合中各投资品种比例。通过资产配置组合你将会看到基金投资风格是稳健型、中庸型还是激进型，是具有短期波段性收益特征还是具有长期周期性的收益特征。"

"你分析好了，基金经理拿钱跑了怎么办？""哎呀，老婆你真会思考咧，你说的对，基金经理的表现是必须要好好考虑的。作为基金的决策者和指挥家，基金经理在基金产品运作中起着举足轻重的作用。基金配置资产的知识性、专业性、操作实战经验，没有多方面知识和能力要做一名优秀基金经理是不可能的。所以你要看看他们的业绩还有他们的品行。"

"好的基金是不是很贵啊？""对头，一分钱一分货，这在基金行业也是如此。不过我们买基金也要考虑它的收费的情况，那就是基金费率。投资基金，主要目的是为了获取投资分红，但在基金运作过程中，或基金产品在设计之初就兼顾了基金的短期收益（如指数型开放式基金）。因此，考虑基金的申赎成本就显得非常重要了。较低的申赎费率，对买基金短期投资套利是非常重要的。当然有些基金设置了前端收费和后端收费，如果你觉得这只基金还可以，想长期持有，你就选择后端收费，因为后端收费有许多优惠，甚至可能会免手续费。"

"哼，你说的倒好，买基金时人们说得那么好，买了以后谁管你？""所以说还有最后一点，那就是看看各家的售后服务。买了基金，不能和存钱似的就不管了,应当采取积极主动的跟踪和管理,时时关注基金的基本面变化、基金信息、基金净值的变动等，要比较各家公司提供的售后服务情况，看其能否提供基金的动态信息，以方便自己实时跟踪，避免信息缺失遭受投资损失。"

"不白跟着我睡,说的这几点都还说到点子上了,不过我给你补充几点,买基金还要看大势，股票市场好时买股票型基金，股市不好买债券型基金，有大额活期暂时用不到的钱买货币基金。卖时，理想状态是在股市高点卖，但是超难，一般有 20%～50%的收益差不多就卖了，不要贪多。"

"都说会买的是徒弟,会卖的才是师傅,你有能耐你给讲讲时机的选择。"

"你说的这句话用在股市上是很贴切的，如果每次买卖的节奏正好能吻合股市的波动，那你就是神仙，对投资基金来说，它的时机选择还不是最重要的，最重要的是资产配置情况及基金的选择，不要不注意时机，也不要太注意时机。

"因为其一时机是很难把握的，投资时面对的是未来的市场，未来是很不确定的，当然有极个别的高手可以通过波段操作取得超额收益，这个不光是专业，其中里面还包括了运气，对基金而言，因其是组合投资理财，它的波动一般不会和股市那样剧烈，所以我们投资主要的还是把资产配置好。

"其次，基金因其有专业的投研团队，基金经理自然会根据市场波动去调整，否则我们投资基金干什么？从长期来看，基金本身它不是短线投资的产品，从各类投资工具比较来看，基金是一个中间产品，收益和风险都处于中等水平，适合于中长期投资者，另一方面频繁买卖基金，它的手续费也不是一个小数目。对基金，找一个好基金，找一个相对低点买进，然后坚定投资信念，做中长期投资，等到高点卖掉就是了。当然你要做好规划，那就是规划好大约什么时间用钱，在这段时间内，就可以很轻松地选择一个相对高的时点赎回。"

"你说的倒好，中长期投资，中长期这市场可就变化大着呢，在这期间你怎么去选基金？"

"这个也很好解决，在单边上扬的资本市场中，一般我们要考虑买老基金，因为这时候你挑只会下蛋的老基金，买了以后，它就会直接给你下蛋了，你也用不着去左挑挑右选选了。在单边下跌的资本市场中，你带着老婆孩子旅旅游、拜拜佛、游游泳就行了，这时你什么基金都不要做了。这时候你不买基金就是赢家，你买就是输家。在箱体震荡的资本市场中，新老基金都可以买，那就需要考量你的眼光了，你就参考我以上怎么选基金的内容就行了。在轮涨行情中，你选一些主题基金就行了。但是有一点你要记住，长期投资不是一直不撒手，你要随时比较你持有的基金的收益情况，把那些不下蛋或下蛋少的基金卖掉，换上下蛋多的，就是你的首选。"

"你说的倒轻松，若都这样买，还有人赔钱啊？如果买基金赔钱了怎么办？""明天晚上再讲。"

5. 投资基金赔钱后怎么补救

"市场千变万化，太阳每天都会出来，但是没有人能准确预测明天太阳会不会被乌云遮住，我们也没有这样的法术，如果我们买的基金赔了，怎么

第五章 兔子的理财方式

去补救,以使我们的损失减少到最少,并能避免下一次这种情况的进一步出现?"

刘仲笑着说:"你说的这种情况还是很有针对性的,大哥现在正有一只基金套着呢。"

"那就注意听讲,首先要分析形成的原因,学费不能白交。原因不外乎客观原因和主观原因。先说客观,要分析现在的投资市场,分析投资环境,看是股票市场、债券市场普遍不景气,其他基金也不景气,还是你自己买的这只基金不景气。

"主观方面,从基金公司角度看,是基金管理人管理和运作基金产品的能力不行,还是基金投资目标和策略、投资风格发生变化造成的。对自己而言,要分析自己是否真正的了解基金投资是怎么回事,是否适合买这个基金,其次看自己的投资方法是否合理,自己是一次性投资产生的亏损,还是分次投资产生的亏损,尤其是当自己还做了基金定投,你应当对不同的方法采取不同的对策。

"对于一次性投资产生的套牢,只要基金的基本面没有变化,可以采取补仓的方法,摊低基金的购买成本。当然在趋势不明朗的情况下,一动不如一静。但对于定投产生的亏损,应当从长计议,忽略短期亏损,而着眼于长期投资收益。

"再次,了解自己投资基金亏损的程度。当亏损幅度超越了自己的风险承受底线时,可以赎回,以避免亏损进一步扩大。

"在赎回时有一个原则要注意,那就是赎回赔钱最多的,而不是赎回赔钱最少的,有许多人却是做法相反。因为赔钱少的基金,其它的基金盈利能力相对比赔钱多的基金强。当然如果赔的钱可承受,你可以选择补仓,等待市场转好,而不应当盲目调整。还有最后两条,那就是提高执行力和主动补救。对持有的基金亏损状况进行了透彻分析并决定了补救方法后,就要尽快执行,以防止拖延而使良好的投资机会丧失。主动补救就是说,要对手中持有的基金,结合其表现,不定期的对基金进行优化。不要认为反正基金是长期投资,出现短期地投资亏损,也可以通过时间换空间的方式,使亏损得到弥补。这种被动的等待,往往会错过很多的投资机会,对持有基金主动进行优化,也可以使自己投资能力提升,另一方面也可以提高自己的投资收益。"

6. 基金定投是个好方法

转眼半年过去了,这天刘仲跟他媳妇说:"往后到上班的时间了,以后时间就比较紧了,又没多少时间关注投资市场了,你看你说的专家理财的基金,咱们是不是投一些,你看怎么选?"

他媳妇给了他一个吻:"我老公也知道理财了,不白和我睡了半年,我看咱就做个基金定投,基金定投有积少成多、享受复利、强制储蓄这三大特点,非常符合我们刚结婚、刚参加工作、没有很多时间关注投资市场的人,那我们就合计合计。"

刘仲说:"你只知其一不知其二,定投有很多优势哩。在不断的分批投资中定投可以均衡成本,特别是在一个震荡的市场里面,定投尽管可能发生初期亏损,但如果继续保持买入相同基金,就能够有效地摊低整体投资成本,一旦市场好转,则可以轻易摆脱亏损并获得诱人的收益,这样就是一段时间亏了,我们也不用着急。"

"你别说了,咱还是合计合计买什么样的产品吧。5 年后咱想买个车,15 年后咱再买个门市房。买车的这笔资金投资时间短,资金保本要求比较高,我们就选择相对比较稳健的基金作为定投标的。15 年的这笔资金投资周期超长,我们就选择波动性较大但收益率也高的成长型基金品种。"

第五章 兔子的理财方式

"这是什么原因呢?"

"因为从长期来看,波动性较大产品的收益率也往往要高于波动幅度较小的基金,咱现在经济实力还算凑合,咱的工资也比较稳定,风险承受能力也比较强,就投这类基金了。"

"咱每月投多少呢?"

"咱现在每月有 6000 元的工资收入,2000 元每月的生活费也就够了,再有 2000 元存点银行存款,或者干点别的,2000 元也就够了,剩下 2000 元我们就做定投吧,也就是我们拿出每月收入的 1/3~1/4 做定投,这样我们的生活水平不会降低,另一方面我们也能得到投资的好处。"

"咱们什么时候开始投资呢?"

"你看现在整体经济景气度开始复苏,市场中的流动性开始变得充裕,现在允许养老金进入股市,市场上的钱就会多起来,但是由于前期人们一着被蛇咬三年怕井绳,人们怕投资亏损,现在有很大一部分人不敢投资股市了,现在市场价值被严重低估,现在是买基金定投的最好时机,等到这一经济周期即将进入衰退期、市场估值水平高、泡沫过大的时候,咱就把它赎回来,等到下一次上涨趋势形成再投进去。"

"就这么办了!"

7. 刘三给刘仲喝鸡汤

谁知天有不测风云,投资有旦夕赔赚。刘仲把钱投资买了基金,股票市场就开始动荡,大盘的点位从 5000 点不到 1 个月就跌到了 3000 点,刘仲买的基金也亏了有大半。

刘仲的媳妇天天对刘仲抱怨,"本来想弄只鸡呢,反而蚀了一袋米,本来是一条大鱼,结果让基金公司给切了一大半。"刘仲媳妇天天唠叨,弄得刘仲

理财巧方法
-草根刘三是怎样炼成的-

很烦,后果很严重,结果是家庭暴力经常发生。刘老太婆看在眼里,急在心里,不能让小两口再去重复老两口的道路,怎么办?

这时她想到了刘三,刘三从小油嘴滑腔,没准能劝劝刘仲两口子。还没等刘老婆给刘三发信息,刘三又来到刘仲家蹭吃来了。

刘三这人有一个最大的特点,那就是有超强的第六感觉,虽然看到嫂子还是那么热情,但是他的第六感官已经告诉他,他心里烦恼着呢,有什么事呢,怕吃,这不是嫂子一贯的风格啊。

刘三仔细一想,恍然大悟,投资亏损。现在人们都在谈论炒股亏多少,当时自己看到老妈也想玩股票,就跟哥哥嫂子建议过,赶紧卖掉基金股票,可是哥哥嫂子都说,现在才开始赚了一点钱,不能卖,再说股评家都说能达到 10000 点。就连老妈这样平时根本不知股票为何物的人都开始买股票了,俗语说的随大流不挨揍,难道这么多人都错了?弄得刘三也没了脾气,怎么去驳倒嫂子这看似正确的理论呢?刘三冥思苦想,原来理论在眼前,股票市场是七亏二平一赢,那一个赢的不就是赚的七个亏的吗?在股市上随大流就是给赢家送钱。还没等刘三把这理论讲给刘仲他们听呢,刘仲两口子的基金股票就被套里面了。

刘三一看这架势,就猜着八九不离十,两口子又因投资亏损而暗战了,这又何必呢?投资本就是快乐的事,弄得这样脸色又怎么能赢了钱呢?

刘三看着刘仲两口子哈哈乐起来,笑得两口子心里直发毛,刘仲说,"怎么了,老三,你哪根弦断了,好嘛样的笑什么?""解压,解压,笑能解压。"刘仲老婆一听乐了,"你小子有什么压力,你没娶上媳妇时也没见你有什么压力,难道现在糊弄上媳妇来了,又有了压力?有了老婆不好耍吧。"

第五章
兔子的理财方式

刘三赶紧声明:"非也,老婆最大,有什么压力都让最大的顶着,我有什么压力?我是看到你两口子投资亏损就有了阴暗心态,我不开导开导你们,你们的心里要开始长毛了。"

刘仲说:"你小子说说看。"

刘三认真地说::"投资要有阳光心态,就是说搞投资首先要有健康的、和谐的、平衡的、愉快的、积极的、向上的、包容的、感恩的心情、心境和心态。做人、做事一个道理。搞投资也是如此,股票、基金、黄金这些投资,都必须用阳光的心态去投,即便大盘下挫,财富缩水,照样泰然处之,冷静对待,荣辱不惊。只有如此才能快乐投资,才能尽快解套。投资想解套,你的心情先要解了套,别套了钱再去套脖子,那就不值了。下面我针对你套住的基金投资给你具体分析分析。"

"投资基金不要梦想一夜暴富。基金投资是一种理财投资方式,通过基金投资在一定的时间内实现个人资产增值和获得收益的一种行为。

"基金不是一种赌博和暴富工具,在做基金投资时,要对基金的情况有一个详细的了解和分析,对其投资收益要有一个科学的判断和风险的估值,对投资收益预期不要太高,欲望越高失望越大,如果预期低些,欲望小些,反而惊喜不断,好事连连,超出想象,心情自然就好起来。

"要把一段时间用不着的资金去投资基金。基金投资是对现金持有量较多的人一种财富增值设计,而不是财富平均分配,更不是一夜发财的赌具。只有生活安逸,稍有节余,再去思考基金投资的问题。用基本的生活费,甚至卖楼举债投资的行为是不明智的选择,投资本来是为了改善生活,而过度的超出自己能力的投资就会影响正常的生活,无论未来可能多么美好,如果现在过得不开心,这种投资意义也是得不偿失的。

"要相信该来的一定会来的。投资其实也是一种信念的博弈。大家都知道长线投资好,但实际上做长线投资的没几个人,一旦看到大盘滑落,基金净值缩水,就顾不上什么长期投资的理念了,恨不得马上变现出局。事实上,大盘的上下波动是正常的,关键我们要有良好的心态去应对它,记住长期投资才是自己想要的。如果具备了这种心态,就可以心平气和,应付自如。

"要学会感恩。在投资市场火爆时,基金为投资者带来了不菲的收益,这些成绩的取得与基金公司和基金经理的努力分不开,我们所有获得收益的人应该感谢他们。我们不能一见市场不好,收益率暂时下降,就指责基金公司,指责基金经理人,这是不公平的。如果自己不喜欢某家基金公司和某只基金产品,我们可以更换基金公司和产品。如果自己买错了基金,也不要大惊小怪,错了就换,失误了就改,指责解决不了问题,不如好好地研究哪只基金更好些,如何防范风险确保胜利的成果。如果能保持这样一种阳光心态,怀着一颗感恩的心,我们就能做到投资快乐,快乐投资。

"用钓鱼的心态耐心等待。会不会钓鱼的人都知道钓鱼是一种慢活,急不得。基金投资也是这样一种道理。资本的回报是要经过一定时间的积淀后才能产生效益的。基金公司要认真筛选股票,谨慎建仓,通过时间的积累形成价值增值,从而获取回报。这一个流程,环环相扣,一步一个脚印,做足功课,来不得半点的急躁。了解了这些道理,就不要着急,去追涨杀跌,要学会用钓鱼的心态耐心等待投资成果的到来。

"钱全买了基金也不要着急。对基金净值评估不在于一日之涨跌,要看长期发展的趋势和积累,要努力克服满仓时内心经常有恐惧的情绪,因此,在满仓时,要努力做到不急不躁。

"在高位时适当减仓赎回部分表现比较差的基金,这样可以缓解一下内心的心理压力和矛盾,又可以调整一下自己的投资结构。在低位时一定要沉得

第五章
兔子的理财方式

住气,千万不要随意'割肉'出局。你如果把握好这样一个心态,就没有必要天天看大盘天天数'米袋',可以花些时间做一些自己想做的事情,钓钓鱼,旅旅游,赏赏花。等有空的时候再来看基金的收益情况,往往会有意想不到的收获。

"我要牵牛鼻子而不是让别人牵着我的鼻子。任何事情只要你掌握了主动,你的胜算就有六成了,就犹如古时两军打仗,为什么设埋伏?就是为了掌握主动,操之在我。用在投资上,操之在我的内涵就是要克服冲动情绪。

"可是你们没有真正做到牵着牛鼻子,对基金投资很冲动,操作频繁,听风就是雨,习惯在网上向所谓的'高手'寻求投资建议。当然,好的建议对于投资者来说是有着积极意义的,关键是我们怎么知道是好的建议?资金不是他的,收益不是他的,你死活也不是他的,钱却是你的真金白银。因此,没有必要听得那么多,关键是我们要学会分析和判断,在实践中不断总结经验,认真地了解基金投资风险,然后冷静地进行投资并且坚持自己的选择,这才能真正做到投资是自己的,和别人无关。

"今朝有酒今朝乐,乐在现在。《泰坦尼克号》中的杰克不是说过一句话吗,享受每一天。基金投资也是如此。我们投资的目的是什么?不就是为了赚钱吗?赚钱的目的是什么?不就是为了过上好日子、实现财富自由吗?我们千万不能为了赚钱而赚钱,那样会活得很累,压力很大,记住享受每一天,无论赚钱,无论赔钱。

"当基金收益高的时候,我们不妨适当地赎回一部分基金,变现落袋,充分去体验一下赚钱的乐趣。总之,我们没有必要去追求那么完美的收益率,没有必要想去做中国最富有的人,把投资当做我们生活的一部分,让自己的心态更放松一些,这样的投资才更有意义。

"如果有后悔药,上帝也会吃的。你一旦做出投资后就不要后悔。市场是一只看不见的手，正面为云，背面为雨，我们只能通过趋势的判断，坚持长期投资的理念，才能适应这种没答案的市场变化。

"老天爷还不能天天晴天呢，所以说不要操作不理想就后悔，否则心态就会越来越糟糕。涨也悔，没多买；跌也悔，当时没卖……周而复止，从来没有一天好心情，这样的投资实在太累。所以，只有不悔，才能春风满眼。

"既来之则安之。不要花太多时间去研究基金公司的操作策略，整天为基金公司操心着急。事实上，我们真没有必要去研究这些东西，我们把资金交给基金公司打理，就要相信基金公司的运作能力，至于基金公司怎么调仓，如何操作，这些都不是我们关心的问题。我们只需要紧紧依靠现在良好的形势与向好的趋势，增加一些收入，等到需要用钱的时候，可以保证有一定增值就可以了。努力做到既来则安。只有这样，投资的心态才会越来越好，投资理念才会越来越成熟。千金难买好人生，千金也难买好心情。投资可以赔，心情不能赔，只有好了心情，才能好了投资。哎呦，讲了这么多，我先喝口水。"

刘仲笑了，"你小子说的还真是这么回事，我现在心情好多了，来兄弟，今天哥哥请你吃大煎饼，打三个鸡蛋的，吃不穷花不穷算计不到要受穷啊。"

理财巧方法
草根刘三是怎样炼成的

第六章

蜘蛛的理财

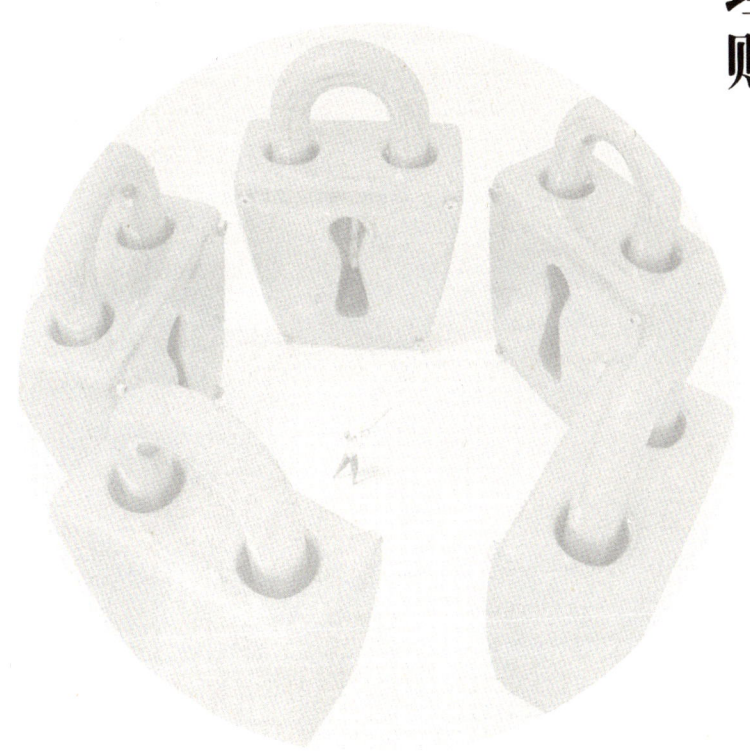

第六章　蜘蛛的理财

1. 刘老汉顿悟理财需要个特色网

刘老汉现在也五十多岁了，看到孩子们理财过得很富足，也想到自己这半生投资的失意，自己就想不明白这是为什么？自己这么大年龄了需要理财吗？又怎样去理财呢？难道自己一朝被蛇咬，三年就得怕井绳吗？刘老汉就坐在屋子里想这些事。

第一天，刘老汉想着这些事，想着就睡着了都不知道。第二天，刘老汉还在想，刘老婆让他挑水去，也没有想成。第三天，刘老汉去了一间很久没人住的房间，想这回你们就找不到我了吧。他就开始冥思苦想，今后自己的财产要怎么打理。

他透过窗户看着外面蔚蓝的天，蓝蓝的天上，白云朵朵儿。要是天上能掉下金元宝那是多么的好啊。刘老汉正胡思乱想，这时他就看到在窗户的一角，一个蜘蛛网上粘着许多小虫，旁边的小虫还一个劲地往网里冲。刘老汉感慨道，看人家蜘蛛多好啊，蜘蛛编织完一张网之后，就在哪里"守株待兔"式地捕捉昆虫，还捉到这么多小虫子。刘老汉想到这里，脑袋里有一种醍醐灌顶的感觉，他在心里高兴地喊道，我找到了，找到了，像我这么大年龄的人，编织一个网，我的钱财不就会滚滚而来了吗？

心动就要赶快行动，想到就要立刻去做。我先详细研究研究这张网。刘老汉查资料，终于找到了蜘蛛网高效率捉虫的秘密，原来美国耶鲁大学生物学家就曾经偶然发现了其中的奥秘。他们在研究某些品种的蜘蛛进化时发现，蜘蛛网对紫外光反射得特别强，这是否就是蜘蛛捕虫的奥秘呢？他们将同一只蜘蛛结的两张网放在不同的地方，把其中一张网用紫外光照射，另一张网用不含紫外光的可见光照射。结果发现，有意放入室内的一群果蝇居然都飞向第一张网了。科学家们推断，果蝇是因为第一张网反射了足够多紫外光而误以为飞向蓝天的。

更为有趣的是，蜘蛛还会随自身的进化而调整蜘蛛网的光学特性。进化水平较低的品种习惯于在暗处结网，它们的网都具有强烈反射紫外光的特点。

进化水平较高的蜘蛛、有些从暗处迁到较明亮处。这样，蜘蛛的捕猎就发生了问题，它如果仍然像过去一样使所结网反射大量紫外光，反而使昆虫觉得前面不是蓝天而有某些障碍物，昆虫识破了蜘蛛的用意就不会自投罗网了。然而，道高一尺，魔高一丈。对于高度进化的蜘蛛，居然能结出不会大量反射紫外光的网。这种网的绝大部分都不反射紫外光，加上在较明亮处本来就存在的紫外光，促使昆虫误以为这还是蓝天。妙就妙在随着昆虫品种的不同，蜘蛛还会在结新网时调整这些结点的多少与分布。

刘老汉通过研究蜘蛛的觅食技巧，很快认识到自己以前的误区，原来认为蜘蛛凭借织好的一张网就可以吃到很多虫子，现在发现原来不完全是，蜘蛛织的织网还有吸引虫子的功能，刘老汉现在才真正明白了这道理。

以前以为自己多认识理财师，多认识银行的人，自己的理财就不用愁了。以为织这样的网就可以了，结果发现自己理财收益并不高，有时银行里的新产品自己买得也并没有比刘仲多，现在想想，原来自己只是做了一个会织网的蜘蛛，织出网来，以为等着就能得到财富，其实不然，不但要织出网，还要织出特色，才能网住财富。

第六章 蜘蛛的理财方式

2. 刘老汉的金色蜘蛛网

刘老汉这几年因搞投资，也攒了点钱，这几年也和各金融公司里的头牌理财师都混得脸熟了，刘老汉就觉得自己这只大网编起来了，就等着银子往里钻了。可是这个网织了3年，银子也没有往里钻，他就百思不解，一直等到他看到了上面这篇蜘蛛网研究，才知道原来蜘蛛不是像表面上看到的那样。

这只网之所以能网住食物，不只是网做得好，网眼细密，有粘性，还有一个更重要的秘密就是这张网也让一些昆虫认为这里是蓝天，你不必害怕，我这里有吸引你的地方，二者缺一不可，这就是蜘蛛网的秘密。刘老汉想到了这些，他就行动起来，不再守株待兔般地等待银子自己闯进来，而是主动出击，他要自己建造自己的金色财富网。

刘老汉开始主动给各个金融公司头牌理财师打电话慰问，各个理财师也都很热情，"有什么可以帮助你的吗？""我就是先问问现在有什么理财产品，收益如何。"通过电话就了解了各金融公司理财产品的收益。

过了几天，正好有20万定期存款到期，怎么办？这时就显示了刘老汉建立的金色财富网的作用了。这一次，他没有毫无目的地去问，而是开门见山："我现在手头有20万现金，现在你们那里有什么好的理财产品？"各个公司的回答千差万别，"我们有一期30天的理财，预计年化收益率5%。""我们有一半年的理财产品，预计年化收益率8%，要不你来看看。""我们这里有三个月的理财产品，不过我建议你拿出10万买理财产品，5万买分红型保险，5万买只基金。"

但这只金色财富网好是好，可是一下就逮着这么多只虫子，还真一时不知吃哪一只虫子，先逮只肥虫子吃，可是他的营养不均衡，看来得好好考虑一番，他列出了要考虑的几条。

（1）我这20万元钱，大约等到什么时间可能要用到？

（2）一个月后，三个月后，预计银行利率会升还是降，幅度多大，先看看专家怎么说？

（3）各家的理财产品在持有期间，能否提前支取或是可以贷款？

（4）各家的到期收益率是多少？

刘老汉综合考虑了这几条，最终他选择了一家收益率高的公司，他觉得现在这些钱半年之内用不着，虽然这家公司不能提前支取和贷款，条件苛刻，但是他的收益率是最高的。再说自己买理财产品就是为了得到高收益，高收益能抵消一些机会成本，就买它了。

就这样，刘老汉建立起来自己的金色财富网，自己的财，就让这只大网上的金牌理财师打理就可以了，依靠这个金色理财网，一年下来，也有不错的收益率。他决定把这个方法也传给刘三他们，以使他们事半功倍地打理自己的财富。可是这时天下已大变，不知他的方法还能不能用上，这时的天下，山还是那个山，水还是那个水，可是人已经不是那个人了。要知后事如何，请听下回分解。

理财巧方法
草根刻三是怎样炼成的

第七章

老虎理财
——项三

第七章　　老虎理财——项三

1. 牛人项三——舞台有多大，心就有多大

前面我们已经简要介绍了项三的一些情况，现在我们要详细介绍一下差一点就成为世界首富的项三年轻时的情况，从中我们可以看出想成为首富必须具备的一些特质，也给我们做父母的如何培养世界首富提供一个参考，当然也可以从项三最后的失败处，可以看出要成为首富一个必不可少的条件便是持之以恒，百折不回。

项三幼年困苦，父母早亡，跟着叔父项梁长大。一次，项梁拿出两元钱让项三去买馒头，等了很长时间，项三不但买来了馒头，还拿了一只玩具青蛙，放到地上用手一摁，啪啪向上蹦。

项梁有点纳闷，要说这小子拿钱买玩具，可是馒头也没有少买啊，难道这小子学会偷钱了？他严厉地问："怎么回事，老实说。"

项三得意地说："我拿着你给的两元钱，去买了玩具青蛙，然后我拿着青蛙到刘三家，我对刘三说：'你愿意玩吗？'我就让刘三玩了一会，然后就不让玩了，他就哭了，他妈妈就过来了，他让他妈妈管我要青蛙他玩，他妈妈就管我要，我就说：'玩一次给我一个馒头。'他妈妈同意了，这样我就让他玩了八次，他妈妈说给我一个馒头，我不愿意，我说你问问刘三是玩了八次吗，你给我一个馒头，以后刘三也会糊弄你的，这样他妈妈就给了我 8 个馒头。"

项梁听了哈哈大笑，心里说，好小子，这么小就知道赚钱了，看来世界首富也要从娃娃抓起啊，从此非常看重他，这时他下了决心倾尽全力培养这

理财巧方法
-草根刘三是怎样炼成的-

位没有父母的孤儿早日出人头地,早日大富大贵。

项梁首先教项三读书识字,但项三认为这太麻烦了,一开始一二三画三道就可以了,可是四就不是画四道了,这太麻烦,也没有规律。

不认字不是也会说话吗,会说话还认字干嘛?他越来越没有耐心,只一心想着拿青蛙换馒头,因此一年下来只认得不多几个字,大体能认得人名、地名,项梁也拿他没办法。

稍大以后,项梁便教他营销,这方面项三由于有青蛙换馒头的经历,因而颇有天分,只要项梁一讲营销的知识,项三便知道接下来如何做了,没多久他便又不感兴趣了。"爱侄心切"的项梁看在眼里,急在心里,梁叔很生气,后果很严重。

一天他很恼怒地埋怨项三道:"你这样没有耐心,将来到底想做什么呢?败家玩意。"想不到项三倒理直气壮地表示:"识字只不过能记诵一些姓名,认得一些地名而已,不说错误话、不走迷路不就可以了?营销再好也只能卖一种产品,这又有什么好学的?我小时候就知道青蛙换馒头,我想学的是赚万人的钱。"项梁甚奇之,乃教他学习股市制胜术。

项三这方面倒是才气十足,稍加指点便能抓住重点,举一反三。只是他没什么耐心,不肯动脑筋深思,因此只能掌握几个大原则罢了。

放下项三不说,再说嬴政赢了张良他父亲的三代祖产,弄得张良家家破人亡,嬴政这时有时间也有钱就开始全世界旅游了。

有一天嬴政到了项三他家门口了,嬴政到了会稽郡,在渡过钱塘江之际,发现这是个好地方,又赶上钱塘大潮,来看潮的人很多,嬴政想在这里炫富,就在这里举行盛大的炫富大会。

据当时一个民间艺人描述当时场景是:"瞎王留引定火乔男妇,胡踢蹬吹笛擂鼓。见一彪人马到庄门,匹头里几面旗舒。一面旗白胡阑套住个迎霜兔，一面旗红曲连打着个毕月乌。一面旗鸡学舞，一面旗狗生双翅，一面旗蛇缠葫芦。红漆了叉，银铮了斧，甜瓜苦瓜黄金镀，明晃晃马镫枪尖上挑，白雪雪鹅毛扇上铺。这些个乔人物，拿着些不曾见的器仗，穿着些大作怪的衣服。辕条上都是马，套顶上不见驴，黄罗伞柄天生曲，车前八个天曹判，车后若干递送夫。更几个多娇女，一般穿着，一样装束。"

可是这些在项三眼里又是另一番景象：一队队军乐嘹亮，一对对彩旗张扬，一队队美女娇嫩。嬴政在美女的簇拥下缓缓前进，这把项三羡慕的，他不禁脱口而出，"他我必须取而代之。"吓得项梁赶紧捂着他的嘴说："你不要命了？！"

到家后项梁说："好小子，有志气，你要取代嬴政，你得现在努力学习，学好本领，才能出人头地。"可惜项三还是三分钟热度，终没有很好地学到股票制胜术的精髓。项三学习的那一段，前文书已说过，这里不再重复了。俗语说，立志要趁早。项三心中的志向在看了嬴政的威风之后，就深深地埋在他的心里，他发誓长大后一定要成为首富，和嬴政一样。

2. 理财要自己说了算

时光荏苒，日月如梭，一晃项三20岁了，项梁在范增的辅佐下也成了熊心公司的执行董事，掌握了熊心公司的实权，基本上董事长熊心只是个傀儡。

外部的投资市场正是大热的时候，项梁日以继夜夜以继日地工作，把个熊心公司打造成了当地的一流公司。熊心看着自己大权旁落，也想自己说了算，怎么办？下面的人都是项梁一手提拔的，只有一个办法，那就是从外部引进，以分项梁的权。引进谁呢？

理财巧方法
-草根刘三是怎样炼成的-

宋义。宋义在熊心小的时候就跟着熊心的爹创业，只是到了后来熊心的爹创业的公司要破产了，才为了生计不跟着熊心的爹干了。不过宋义在外面混得也不太好，现在好了，熊心公司规模也扩大了，需要人手。和宋义一说，宋义乐颠颠地就来到熊心公司。

项梁把自己的全部心血都投到熊心公司，现在已经管辖两个投资公司，一个是项三的投资公司，一个是他自己的投资公司，当然项梁只是挂名，主要是项三在经营。

项梁也看出熊心招宋义来是要分他的权，他就在工资上卡宋义。他对宋义说，现在公司新创业，各地方需要钱，他又是新来的，工资不能太高。熊心和宋义都没有什么办法。

公司就这么欣欣向荣的向前发展着，可是天有不测风云人有旦夕祸福，一天项梁正在公司里视察，忽发脑梗猝死在工作岗位上，权利要重新分配。熊心就和宋义密谋，让其顶替项梁，掌握项三的公司，让项三听其调遣。

宋义就跟熊心说："看看工资是不是给涨到和项梁一样。"熊心一听他提项梁心里就来气，"工资以后再说，项梁在的时候都没给你涨工资，我刚掌握实权要给你涨，人们不说我吗？"可是熊心心想，现在给你权利了，还要那么多工资干吗？再说现在公司就成我自己的了，多给你工资，我就少得，那时项梁掌实权时没给你涨工资，现在让我给你涨，没门。

宋义嘴上不说，可是心里也很不高兴，你让我掌实权，却不能给我一个合理的报酬，还让我自己提，提出来，你还不给涨，你看项梁掌权时，来一个值一万的主决不给八千，要不人们都愿意跟着项梁干啊，财聚人散，财散人聚，这个道理都不懂，要不熊心公司到不了大处呢。

宋义就开始领导项三的公司，项三心里有气，范增就跟项三说："大业是你叔叔项梁创下的，你如果闹事，他们不让你当副总，你叔叔对你的期望不

第七章
老虎理财—项三

就成泡影了吗?再说你还年轻,以后发展的机会长着呢,利用这段时间和宋义学学他的投资理念、投资经验,也是对你的一个历练,要抓住这个历练的机会。你放心,我会永远和你在一起的。"范增好说歹说,项三算是没有闹事,项三老老实实地当他的副总,他在等待机会。

该来的总是会来的,赵国公司告急,求救于熊心公司,一开始赵国股份和其他股份公司一样有涨有跌,可是近来赵国股份在市场上有点不同寻常,每天高开后然后一路下滑,到低点就有一笔大单在低点悄悄吸筹。

赵国公司一查,原来是秦国的章邯分公司正暗中吸筹,准备一举吃掉赵国公司。赵国公司董事会一研究,只能求救于熊心公司,让熊心公司给托托市,绝不能让章邯公司得手。熊心一合计,自己现在出手不但能救下赵国公司,还能有一笔钱赚,何乐而不为呢?就派宋义领导熊心公司去全力办这事。

宋义一想这是好事,就带了项三、范增等一班人马进驻天下证券市场。宋义到了那里,住在五星级酒店里,每天游山玩水,好不快活。项三不愿意了,就去找宋义,宋义哈哈一笑:"不要着急,先让他们两家厮杀,章邯公司现在既有钱,又有大量赵国股份。他现在实行的是高卖低买,赵国股份价格高了,他就抛出赵国股份把他打下去,赵国公司现在手里也有点钱,看到股份价格低了,就想把价格抬上去,不让章邯把公司吞掉。我现在心里明镜似的,你就把心放到肚子里去吧,我走过的桥比你走过的路要多,你就算从小天天吃盐也没我吃的盐多,现在我是这里的头,一切听我的。"

项三听到这里没了脾气,谁让自己小时候不多念几年书呢,现在说什么也晚了,宋义的话竟找不出什么话来驳他。项三闷闷不乐地回去了。

赵国公司钱要快没了,要受不了了,就三天两头地来找宋义。宋义每次都说,不要着急,我现在正在观察,很快就会给你们一个交代的。

可是宋义并没有什么行动,赵国公司的联络员就来找项三,项三对他说:

"我跟老家伙说了好几次了,他都说不让着急,他有好的方案,他说的还一套一套的,理论上毫无破绽,我也没法了。"赵国公司的联络员一看没办法了,他们再不救赵国公司,赵国公司就彻底地被章邯公司给吃掉了。不行,我得把杀手锏拿出来了,他就跟项三说:"宋义,哪是来救我们公司啊,他拿着你们的钱给他儿子在齐国公司买了一个副总,他儿子电报都打来了,给他报喜了,你看这是我们情报人员得到的他儿子给他打来的电报。"说着拿来一张纸,只见上面写道:钱已打点完毕,副总已定,还需钱50万,速汇,急盼。

项三看到这里,气就不打一处来,他对联络员说:"你给你们老总说,这几天就会有结果,我拿我的人头担保。"项三急忙找来范增,把情况向范增一说,范增不愧是老狐狸,他给项三定下了一条计策。

第二天,赵国公司给宋义送来一个绝色女子,对宋义说连日来照顾不周,今天让我们这里的赵国第一绝色美女来服侍,希望宋老板笑纳。

宋义心想,好说,把我服侍美了,我就先弄点钱给他托托市,反正钱是公司的,今天真是双喜临门啊。刚收到儿子当副总的电报,这又送来个绝色,给儿子汇的钱就从今后给赵国公司托市中下账,这钱也有着落了。

到了晚上,那女子拿出几粒红丸,对宋义说,这是我国新研制的纯正威达刚,你不妨试试。宋义心中就一搁楞,有阴谋,哈哈大笑:"咱们一起吃吧。""我不,我年轻用不着这个,嗯恩。"宋义说:"我就喜欢你这样半推半就的骚摸样,不行,一块吃。"不由分说宋义就拿起六粒给赵姬嘴里送下去了,过了一会儿看到赵姬脸上起了红晕,宋义把剩下的也急不可耐地吃了下去。

第二天,全国轰动,各大报纸纷纷以头条报道了,宋义做了个风流鬼,在酒店中宋义和不知名女子双双裸毙。原来项三找到赵国公司老总,对他说,你要想让宋老板早点救你们,你们得给宋老板找个妞,这是宋老板的爱好,并送了几粒威达刚,那威达刚早被项三做了手脚,吃下去3个时辰就会毙命,老总找来赵姬，说无论如何得让宋义尽快帮我们，这是政治任务，并把威达刚给了赵姬，那赵姬本来以为就是一美人计，像这种公关赵姬已是轻车熟路，也没当回事，可是谁知这一次美人计是需要美人献出生命的，就这样赵姬稀里糊涂地送了命。

按下他们且不表，再说项三，赶紧给总部发电报，宋义因为嫖娼，心脏病突发猝死，查公司资金，100万亏空，有证据显示亏空为宋义为其子买官造成，请示公司下一步怎么办。

熊心也很快把电报发过来，任命项三为公司总裁，全权负责赵国股份公司事务。项三接到电报长长舒了一口气，现在总算是自己说了算了，自己要好好干一番事业出来，实现自己在少年时就立下的志向。

又一想，对赵国公司也有点亏欠，让赵姬不明不白地就死掉了，唉，好好解救赵国公司就是了。想到这里，项三心情又好起来，一定要干出名堂，不能让赵姬白白死掉。

3. 项三的第一桶金

项三掌握了实权，也带来了烦恼，这把椅子不好坐啊，那时光看到宋义整天优哉游哉的，可是自己坐上这把椅子才知道有许多事情要做。好在项三年轻，不怕吃苦，又有范增在旁边指导，公司还算顺利。

现在项三开始考虑：一、章邯公司现在手中的筹码；二、章邯的资金实力；三、赵国公司的情况，自己现在的情况。项三对这些情况进行了详细的分析，最后制定出自己的行动方案。

一、让赵国股份发布利空，吸引散户跟进。

二、抬高股价，全力买进，不给章邯公司抄底机会。

赵国公司第二天的季报就报出来了，本季亏损1亿。赵国公司又召开了新闻发布会，本公司虽然一季度亏损1个亿，这是由大环境引起的，我们还将进一步进军新的领域，亏损是暂时的，本公司将会以更加饱满的热情，更加给力的创新精神在新的领域大力发展。

真真假假让人们看得眼花缭乱。章邯也在研究赵国公司的这一次新闻发布会，心想眼看我要收购成功，赵国公司马上就成了我的了，他们发布这一个新闻发布会，不过想混淆视听，多活几天罢了。按既定方针办，章邯心中拿定了主意。

章邯把他的手下召集起来开会，会上章邯给部下打气，"别看赵国公司发布什么新闻，又是创新，又是投资新领域，那都是扯淡，无非是想把股价炒高，让我们收购费点劲。我们分析出原因，就不怕他给我们玩花活，他有千招万招，我有一定之规，大家还是按既定方针办，他把股价炒高了，我们就砸死他，往下砸，等到低点我们就吃进。我们这时不妨给他透露点负面新闻，让那些散户也摸不清头脑，我们已经抬他们坐轿走了很大一程了，现在该把他们扔下去了。我们的筹码前些时间吃进了很多，我们的子弹有的是。"章邯公司的人个个摩拳擦掌，好像赵国公司已经收在囊中。

项三这里也没闲着，现在有八只眼睛紧紧盯着屏幕，看赵国公司股价的起落。项三嘴里也没闲着，"你们都给我盯紧了，章邯他们放出多少筹码，我们都给他吃进。这是我们的生死之战，打好了，赵国公司就是我们的了，打不好，我们就只能赤条条回去了。"

"项总，现在赵国股份开了新闻发布会，股价已经长了3%，我们吃进吗？""等等，章邯这时没准正想往外扔筹码打压呢，再等等。"

章邯那里也正忙着呢，"长了3%，据我们调查是项三他们正托市，赵国公司也正在配合项三他们发布一些消息，还有一些散户正在跟进，股评专家也正在忽悠。""好，现在分批给我往下砸，我就不信项三这么个小公司，他

第七章
老虎理财—项三

能吃下大象。"

"项总，股市现在开始落了，赵国股份现在跌了 1%，咱的现金就剩了 5000 万。""再等等，等到掉了 5%，我们再吃进。"

"现在市场上忽然有小道消息，说章邯马上就要把赵国股份放弃，说他又找到新的投资公司，都说他在出货，并且还有小道消息说，国家要对连续亏损的公司强制退市，而不允许重组，现在赵国股份跌得很厉害。"

项三想了想："那就等到跌到 8%，我们全部吃进。""可是项总，我们现在子弹不多啊，才 5000 万，到时候万一没有钱了怎么办？""赵国公司有多少可动用的资金？""据我们了解他们有 1000 万。"

项三陷入了沉思，过了一会说："把我们带来的东西，什么吃饭的锅啊，带过来的马、粮食通通卖掉，我们租的房子的房租都退掉，大约能给我们带来多少钱？"

"项总，我们把这些都卖了，大约可得 100 万，可是我们都卖了，我们吃什么啊。""这就叫破釜沉舟，砸锅卖铁，我们就这一锤子买卖，成了，我们享荣华富贵，败了，我们裸奔，这没有什么大不了的，你赶紧去办吧。"

"章总，我们已经把赵国股份打到降了 5%，我们是不是现在可以吃进了，如果我们现在吃进，我们不但能把我们派发出去的股份买回来，还会赚他 500 万。"

"今天，我们就要把赵国股份拿下，省得夜长梦多，赵国公司现在小动作不断。现在又加上熊心公司的项三在这里搅混水，今天不把他打出去，我们收购赵国股份就有可能会失败。今天失败了，项三他们就会占领赵国股份，我不能功亏一篑。今天把赵国股份干停，等到他封在跌停板我们再慢慢全部吃进，今天把我们放出去的消息，再让专家解读解读，让他们配合我们，我们不会让他们吃亏的。"

理财巧方法
-草根刘三是怎样炼成的-

"章总，可是我们现在手上的赵国股份已经出去了50%了，要把赵国股份砸到跌停板，有可能把我们的股份全部砸进去。"

"舍不得孩子套不着狼，关键时刻把股份全部投进去，也没关系，反正在最低价我们会再全部收回来的，赵国股份最后还会是我的，从这一进一出间，能给你们每人发一套别墅，听我的没错，赶紧去准备吧。"

再说项三那里。项三眼睛一眨不眨的盯着屏幕，看着赵国股份成45度角一直往下降，心里说，来吧，东风吹，战鼓擂，这个世界谁怕谁，今天我们决战的时候到了。

"项总，赵国股份已跌到8%。""好的，慢慢吃进，等到价格涨，我们就把吃进的吐出去，让赵国股份的股价一直在这个价位。"项三吩咐了下去，信步走了出去。

项三走到街上，找到一处小酒馆靠窗的位置坐下，这时旁边桌上两个人正谈论赵国股份呢，项三也想听听他们说什么，只听一个说："听专家说，国家要对连续亏损的企业实现强制退市，还有传言说，章邯不准备收购赵国公司了。你看今天赵国股份很邪，上午涨了5%，怎么下午到现在降到了8%。"

"还不是传言说的，我看赵国股份今天就是透着邪性，我昨天的技术分析还是今天应是涨的，可是没想到赵国股份的走势图是这样，今天它的走势太难看了。""你这就像说的是小概率事件来解释了。"项三心中好笑，你那市场技术分析，碰到我这天不怕的主，什么技术都成了扯淡。

到了晚上，项三的手下报告，今天我们已持有赵国公司51%的股份，我们是完全控股了赵国公司，赵国公司是我们的了，不过我们今晚吃饭都成问题了。

项三高兴地说："吃饭小意思，我来签字，赵国公司成了我们的，那还不是我们的一个印钞机啊。"

章邯的手下也来向章邯报道："章总，我们现在只持有赵国股份还不到 2%，可是我们这 2% 的股份是完全净赚的，我们的现金流和刚投资赵国股份时一样多。"章邯心里有种说不出的滋味，我们要的是赵国公司，而不是这 2% 的股份，明天看来得调整战术了。

第二天，赵国公司停牌，然后发布最新消息，项三公司重组赵国公司。这真是一石激起千层浪，接下来赵国股份连涨 9 个涨停板，项三在第九天抛出去 20% 的股份。现在项三的手里资金流和来时一样，不过赵国公司已是姓了项。章邯这样就灰溜溜地走了，项三掘得了人生中的第一桶金，不过重要的是他从中取得了经验，有了这经验他才能干出一番轰轰烈烈的大事来。

4. 项三成功做庄

项三在赵国公司取得了巨大的胜利，及时总结经验，他觉得主要是运用了左侧交易的结果。逢低买入逢高卖出，最后犹如老虎下山般把所有的散户吃掉，这就是成功秘笈。

有了钱，项三就开始想以钱挣钱，这也是最高的挣钱方式。俗语说得好，一等人以钱挣钱，二等人以人脉挣钱，三等人以力气挣钱。项三从小就有用钱挣钱的志向，现在终于可以有足够的钱用来挣钱了。不过怎么去挣呢？自己还要考虑考虑。做庄这是以钱挣钱的好手段，就做一次庄吧。

孟子说过，天时不如地利，地利不如人和。但是只有具备了这三个条件才能算是进庄的最好时机。天时、地利、人和，现在得好好考虑一下。

项三仔细地分析了一下当前的经济形势，由于各家银行前年的呆坏账过多，造成许多银行流动性减少，传导到企业，企业普遍资金吃紧，更有许多的企业资金链断裂，造成许多公司倒闭破产，经济运行到了低谷。去年以赵国股份为代表的上市公司资金链断裂，差一点被章邯公司吞并，幸亏我们及时出手，避免了被别人吞并的风险。今年国家通过放大贷款规模，财政转移，积极的财政政策，使企业普遍有了转机的迹象，尤其是自己在资本市场上有效地遏制住了章邯公司对赵国股份的恶意收购，带动了整个投资市场向好，这时候应是介入的时机。

现在经济低迷，各公司的股价普遍比较低，这时候介入，日后公司经营好了，股价就会大幅度上升，到时候自己顺应市场大趋势卖出个好价格，也只有符合市场发展趋势，才是我们这样的机构投资者需要考虑的。当然现在选择哪个公司股票是个问题，好在项三手下有范增这个参谋长，让他来根据市场的变化给策划个方案。

很快项目报告在范增的手中出来了，范增的报告很长，足有300页，项三看了很头疼，老家伙欺负老子识字不多，那我就要治你一把。

项三乐着对范增说："亚父，你这把年纪了，谢谢你费了这么多功夫给我搞得这么详尽，我知道老人家的性格是做什么事都要做得十全十美。嗯，这个报告再有500字的提要就十全十美了。"范增赶紧说："老三、别着急，马上弄。"不一会，一个500字左右的提要就放到了项三的桌上。

选择齐国股份公司进行炒作

(1) 齐国股份盘子小，综合考虑我们资金的情况，我们撬动齐国股份的能力还是有的。

(2) 该股筹码分布 80% 分布在散户手中，高位套牢者 20%，中间套牢者 40%，现在有充分证据显示该股已初步打底，底部正在形成中。

(3) 齐国股份的主营产品 彩土，因为地域的关系，其他公司生产不了，这也是企业的长期价值，有利于炒作。

(4) 据我们调查，去年公司报表虽不见盈利，原因是公司为了避税进行了一些账务处理，根据我们的分析，该公司至少多提取了1个亿的折旧，公司业绩实际是向好的。

(5) 该公司具有高科技产品，该公司科研机构正在抓紧研发彩土的深加工，据说这种产品可应用于武器的开发。

炒作齐国股份的阶段计划

……

炒作齐国股份的策略分析

……

炒作齐国股份的时间分析

……

项三粗略地看了看，觉得还可以，就对范增说："好了，就按你说的办，你具体去运作吧，我们就炒作齐国股份了。"范增诚恳地对项三说："老三，咱们和齐国股份的高管、股评家、证券公司等等各方面都要搞好关系。"项三说道："这些你放心，炒作讲究人和，这些我比你懂，再说和各方面协调关系也是我的强项，你就放心吧。"

项三现在就开始了炒作齐国股份的第一步吸货。

几天后，网上忽然传出齐国股份公司董事长的艳照，说正被调查，这条小道消息不胫而走，齐国股份股价当天大跌3%，项三轻而易举地获得了1000万股份。

第二天，齐国股份公司召开发布会，董事长亲自出面辟谣，并说要追究造假者的责任。有记者问："贵国公司研究的稀土进军武器市场的近况如何？""无可奉告。"然后就匆匆宣布结束新闻发布会，引发了人们更多的猜想。齐

理财巧方法
-草根刘三是怎样炼成的-

国股份的股价略微有所回升，项三又吃进了一些齐国股份。

第二天网上又开始出现齐国公司研制新式武器，因操作不当，造成研发人员多人死伤，传监管部门正对其进行调查，齐国股份应声而落。项三把原先吃进的齐国股份有计划地抛售，只要股价上升，项三就抛出一部分。

齐国股份开始跌破十日均线，在跌破十日均线后，又有了一点反弹，项三又抛出了300万股份。齐国股份跌破三十日均线，半年均线也随即跌破，项三给范增下命令把买的齐国股份全部抛光。

范增说："不要着急，我要在5天之内把齐国股份打垮。"在随后接下来的几天中，齐国股份在年均线以下来回震荡，范增就这样在高抛低吸中把齐国股份打到了地下室的价。

5天后范增跟项三汇报："老三，我们通过这几天的高抛低吸，已经掌握了齐国股份70%的筹码，我们现在流动资金也有了1个亿，我们打了一个大胜仗，我看可以进行第二步了。"

项三说："好了，我们下一步再洗洗盘，把小散户们洗干净一点，让他们不把股票给我！好了，这几天大家伙辛苦了，接下来这几天大家好好玩一玩，不要再做交易了，让他们爱咋地咋地吧，我们好好庆祝一下，上有天堂，下有苏杭，让我们好好玩一玩。"

范增赶紧说："可是齐国只有泰山，我们如上苏杭，我们这儿的消息就听不到了，万一这时候别有用心的人看穿了我们玩的把戏，在这期间，抄了我们的后路，怎么办？我们好不容易建立起来的关系，齐国股份的股价我们也驯服了不少，这时候让别有用心的一小撮人来拾得我们的胜利果实，我们心有不甘啊。""好了，我们就去爬泰山吧。"

第二天，一行人浩浩荡荡的开赴泰山。一路上，他们说说笑笑，东瞅西看，沿途树阴夹道，石阶盘旋，峰峦竞秀，泉溪争流，山峦雄奇秀美。

第七章
老虎理财—项三

不知不觉到了山顶,项三站在泰山之巅,看着这连绵的群山,项三忽发出一些感慨:"我们的股价就犹如这连绵不断的山峦。你看这山峦,我站的最高峰就是由这些连绵起伏的一座座小山叠加起来的,最后成就了最高峰。每一座小山都有最高点也有最低点,要想一直升高,没有底部的基础是不行的,底部累积的能量越多,升到的高点也越高。这些底部一点点累积的能量,最后就构成了泰山的高,泰山的大,可是最高处也就这么一小段距离,过了最高处这一段距离,山势马上就转为降势,也就是最高处不会停留很多,当然它的落势也不是一下子就落下去的,它也是起起落落的,最后它又会落到起点。"

范增接过话头来说:"老三啊,你看到了山的起伏,可是你感觉到了上山容易下山难了吗?""说说看"

"你看这上山,一步步前有目标,后有动力,这个动力就是自己想向上看一看山巅的风光,目标就是山巅,自己稳稳当当地慢慢向上走,当然自己也可快速往上走,这完全在自己,自己可以控制,可是到了下山就不一样了,下山时,一不小心迈空了,可能就滚下山坡摔个粉身碎骨。上山是低着身走路的,而下山是昂首的,就容易摔跤,下山的路才是最难的。"

项三笑了笑:"可是感觉上山需要很多力气,下山却不需要花费多少力气。"范增认真地说:"正是因为不需要花多大的力气,下山的速度是很快的,这更需要我们小心。你看股价跌的时候是很迅速的。上山时一直注意看脚下,生怕自己迈不稳,另一方面也怕使不上劲,而下山就会觉得反正自己已走过了,往往就不会看路,可能就会很快跌下去。"

项三笑着说:"你说的也有一定的道理,回去好好琢磨琢磨爬山和股价的关系。"

闲话少说，在项三他们离开股市的这 10 天里，成交量极度萎缩，各路股评人士都说不看好该股的后市，等到项三他们玩足了，他们又开始玩股市了。

开工第一天，项三默默吸筹，股票价格上升了 2%，随后项三又把自己手中的股票放出一点点，又把股价砸到了下跌 5%，不一会又通过吸筹股价又升了 1%。

齐国股份的价格让人看得眼花缭乱，一天股价震荡六、七次，以至于报纸的大题目就是《齐国股份得了疟疾症》。就在齐国股份上上下下打摆子的几天中，项三手中齐国股份又增加了 10%，通过对齐国股份的高抛低吸，又轻轻松松赚了 1000 万。

齐国股份打摆子，可是有一双狐狸似的眼睛却看出了门道，正如俗语说的内行看门道，外行看热闹，这个人就是刘三的父亲刘老汉，"这个股票有意思，一天上蹿下跳的，但是股价就是不升，重要的是这个股的股价是在低点这样，这是干什么呢？这就是妖股，变化无常为妖，利用好了这妖怪，是可以吃到唐僧肉的。"在齐国股份再次下探到低点时，刘老汉毫不犹豫地把家里的钱都投到齐国股份上了。

接下来的几天，这只股票的股价变动是越来越小了。这时股市上突然出现了小道消息说，齐国公司研究的彩土武器秦国已大批量订购，齐国公司获得了大量订单，更加吊诡的是前几天还说不看好齐国股份后市的股评家，又都说齐国股份已到了主升期，现在是进场最佳时机，后市将有不俗表现。

项三看到这里，知道自己股价外的工作起了作用了。接下来，项三就开始玩起自买自卖的游戏来，10 元卖出，15 元买进，15 元卖出，20 元买进，当然他只是拿出一小部分齐国股份，随后又出现了两天的涨停，

第七章
老虎理财—项三

项三每天拿出 100 万股，通过这样自买自卖把股价抬起来了。

齐国股份已经从 10 元炒到 80 元，范增说："老三啊，行了，这个价差不多了。"项三说："不行，听我的，让股价再上一个新台阶。""那只有把我们的钱全部拿出来，增加成交量，使技术派人士跟进。"项三坚定地说："就这么办，齐国公司那边由我去运作，技术这边，你把K线图弄好看些，让那些信技术的，再给我们抬最后一把。"

范增这边把所有的钱都投进去了，成交量显著提高，技术派人士都说，齐国股份金叉出现，现在正是进场的好机会。范增很快把股价推到了 96 元。

项三把范增领到了一个小酒馆，要了一盘花生米，打了二两散酒，范增说："老三，怎么想起过日子来了？"项三笑了，"明天我们就会是亿万富翁了，可是现在我兜里就够买这些东西的了，我也是想记住今天这个特殊的日子。今天是我最穷的日子，我没钱，可是我有智慧，有智慧就有财富，有财富就有一切。现在到了我们收获的时候了，今后我们要把手中的齐国股份分批抛出，这时候就更需要我们越加注意，今天来这里也是怕一些狗仔队跟踪，小心驶得万年船，外界的配合我来做。"范增充满自信的说："放心吧，在收获的时候，遇到多大的风雨，我都会让它颗粒归仓的。"

范增又开始玩起了高抛低吸的游戏来，只不过这次是出货。范增有计划地慢慢出货，一天下来只出了 5%的货，虽然股价没有降下来，甚至还升了 1 元钱，可是费了这么大力气只出了 5%，项三有点不满意，"亚父，要是咱光这样出货，啥时能出空，谨防夜长梦多，我看我们得想个法了。"

再说老刘老汉又看到了齐国股份打摆子了，是不是这股份又有什么问题,管他呢,再等两天再说,再说马上要到100元了,我看这一波差不多能到168,到160我就跑。

谁知第二天齐国股份巨幅高开,市场上又有很多传言,齐国股份又发现了一个大型矿,某投资公司看好齐国股份,正有计划地吸收,范增这时候是有买的就高价卖出去。齐国股份马上就要超过100元,这时候市场又有传言,齐国第一个超百元的股马上就要实现了,散户们都蜂拥而至买齐国股份,范增赚了个不亦乐乎。现在项三手中只剩下了不到10%的股份。

第三天,市场上有人要求齐国股份公布市场传言消息的真假,齐国答复第二天召开新闻发布会,齐国股份这一天,项三的股份又减少了7%,只剩下3%。这天晚上项三对范增说:"明天一开市,无论股价多少我们都全部清空。"

第四天,齐国公司召开新闻发布会,新闻发言人宣布:"新式武器已研发完毕,获得秦国大量订单,最近又发现了一处彩土矿藏,预计可开采20年。"齐国股份在开完发布会后股价应声而落,这时的项三和范增早已在计算这次做庄净赚了多少钱。项三最后不无得意地说:"今后齐国股份爱咋地咋地吧,我不会再管他了。"

先放下项三他们不说,我们再说刘老汉,本来计划着股价涨到100元就卖,可是利好消息真出来了,股价反而落了。

刘老汉想,有这么利好的消息,股价肯定还会长的,不管它,谁知接下来股市一连跌了十天,又跌到了刘老汉买股票时的价格,一看马上就要赔了,刘老太不愿意了。

"老头子,你赶快给我卖了,你吃三两的命就不要吃一斤。"刘老汉没办法,卖吧。刘老汉不但没赚到钱,反而还亏了些手续费,刘老汉

第七章
老虎理财—项三

心里想，会买的是徒弟，会卖的是师傅，我如果不贪心，在九十多卖了，那得赚多少钱啊，可是现在还赔手续费，咱就是徒弟的命，白混了一辈子，认命吧。

先不说刘老头在这里后悔不已，再说项三，项三这时舌头都喝短了，"我说，范老头，你姓范，但是你翻不了天，我能翻了天，我一个一个的做庄，我就不信成不了首富，现在我只做了一个齐国股份的庄就白得一亿元，就让那些散户乖乖的把钱给了我，爽，我现在天下无敌，我世界首富！"项三沉浸在美好的向往中。

向往是美好的，可是他所不知道的是他以后的财富也将会慢慢的被另一个人夺去，那个人就是刘三。

理财巧方法
-草根刘三是怎样炼成的-

理财巧方法
草根刘三是怎样炼成的

第八章

猎人的理财方式——刘三

第八章　猎人的理财方式—刘三

1. 刘三娶老婆的内幕

按正宗史学界的说法，大体是汝南地区单父县，有位人称为吕公的望族名士，因得罪了当地的豪族恶势力，不得不举家迁居于沛县。

由于吕公和沛县县令是故交，因而立刻成了贵宾，县令想弄点银子，就给吕公办了一场接风宴席。人们拿的份子钱不一样咋办，管事的总理萧何就把座位分成数等份，其中有贵宾席，也有普通席，并宣布贺金千钱以上为贵宾，可进入内厅直接会见吕公，其余者在外厅及前庭等待吕公出来和大家打招呼。

刘三亭长官不大，收入也不多，一般只能坐在外面普通席。但刘三可不管这些，竟大大咧咧直入内间，大声喊道："贺金万钱！"但实际上，刘三身上一毛钱也没有，吕公听到有人如此大手笔，大为惊讶，也将视线移向刘三，却不禁为这位浪荡美男子的长相大吃一惊，立刻站起来，亲自到门口迎接刘三。

书中说吕公颇通相术，会面相，见到仪表非凡的刘三，竟当场为他的奇相和气势所震动。于是吕公亲切地将刘三引入内厅，并让他坐在自己身旁最尊贵的位置。

刘三一点也不客气，在县府的高官面前，落落大方地和吕公谈笑风生，宛如老友。后面的事便是吕公顶住吕太的压力，把吕雉给了刘三当老婆。大体这一段是根据太史公的《史记》演绎，太史公在《史记》中刘三贴了很多金。

理财巧方法
-草根刘三是怎样炼成的-

《史记》在某种程度上可以说只是太史公收集到的野史，他那生花的妙笔把野史写得和正史差不多，又充分发挥了他的想象，这让他写的《史记》和小说差不多。

我们只用一个证据就可以看出他不是真实记录当时的真实情况，比如他写的历史中的许多细节是很具体的，具体到就像作者就在跟前一样。

比如，《鸿门宴》中，人们的座次，人们说的话，人们的表情就犹如太史公当时在场实录一般，而这是不可能的。可是太史公就写得这么详细，可见太史公的想象力可不是一般。

刘三娶妻更是替刘三脸上贴金，他怎么知道吕太公当着刘三的面就说让我的女儿给你扫地，这不是扯吗。他当时又没在场，其实内幕不是这样的，就犹如孔雀对你开屏是很漂亮的，但是它的背后永远露着的是肮脏的屁股，一些事情也往往是这样。呈现给我们的是很风光，但是内幕却是黑暗的，当然我们也都很愿意看内幕，一方面可以满足我们的窥视欲，原来是这么回事啊，另一方面看到当事人的阴暗面，可以拉近我们和当事人的距离，原来他那么风光，也曾和我一样。原来他那么风光也曾赌的输掉了裤子。我们的主人公刘三的老婆是赌来的。

要说这事还得从头说起，刘三当了泗上的亭长。本来他这个亭长的位置就是他赌来的，因为当时沛县好赌成风，尤其是以新来的县令为甚，县令为首带头赌，上行下效，赌风甚盛。

一天，县令又微服私赌，别人都知道这是县令啊，都把钱故意输给这县令，以便今后自己包个工程，建个学校，升个官啊，好让县令记住自己。可是这刘三是个愣头青，只有一个心眼，一根筋，那就是赢钱。

刘三认准一个道理，人的精力是有限的，只有在一个时间抓住一个目标才有实现的可能。比如前面有好几匹千里马等着你追，你追到千里马，千里

第八章
猎人的理财方式—刘三

马就是你的。可是你只能去追一匹千里马,才有可能得到,如果你匹匹都想得到,一定一匹也得不到,这是肯定的,是不以人们的意志为转移的。

刘三深知这一道理。县令也是倒霉催的,刚在家和老婆因这几天弄到家里的钱少而赌气出来,本想玩两把,赢个钱也赢个好心情,谁知天不从人愿,他偏偏坐到刘三这一桌,刘三是一个一心只想赢钱的主,谁知道对面是县令还是皇帝。

第一把下来,县令赢了个小钱。这县令已习惯了赢钱,以为这一次也是如此,习惯害死人啊。接下来县令不仅把赢得钱输给了刘三,甚至还输了一部分本钱,县令不干了,哪碰到过这事。这次县令把全部家当都押了下去,如果赢了,不但会把输给刘三的赢回来,甚至还会把刘三的所有钱都赢回来。

可是天不佑烦恼人,这一次,又被乐呵呵的刘三给赢了,这县令急了,把一条胳膊往桌子上一押,"这次我把胳膊押上。"刘三哈哈一笑:"何必呢,你写个欠条就行,我还不会收你利息。"

这县令随手写下了一个五万两银子的条子,"这就是我这次下的筹码,如你输了,你可得给我这些银子。"刘三痛快地说:"没问题!"这一次老天爷又帮了刘三,刘三又赢了,县令见不是个事,对刘三说:"借一步说话。"

刘三和县令到了外面没人的地方,县令对刘三说:"刘三,我是县令。"刘三说:"我从没听说过有姓献的,你的姓很好玩啊,你这不把钱都献给我了吗,你真是名至实归啊。"

"我是咱县的县太爷。"县令很生气。刘三瞪了他一眼,"愿赌服输,秦始皇输了钱也得乖乖地给我钱,县太爷怎么了,县太爷没爹啊。"县令给气乐了,"有爹有爹,你就是爹,我让你天天玩,玩可以得到钱,另外玩着就有钱挣,还有人侍候你,这事你干不干?"

刘三来了兴趣:"说说看。"县令说:"我给你个官做,咱们钱账两清怎

125

理财巧方法
-草根刘三是怎样炼成的-

样。"刘三怀疑地看了看县令，县令在纸上给刘三写了任命书，从身上拿出章来盖上。刘三说："这亭长值不了这么多银子吧。"县令赶紧说："现在就亭长这个位置有个实缺，且你不用上班光拿钱。"刘三想了想："玩吗，吃点亏就吃点亏。"刘三高高兴兴地去上任了。

放下刘三不说，再说这县令气啊，好小子，你竟敢赢老子的钱，有你小子好看的，别以为给你个官当当就了不起啊，你当了官就得属于我管，你看孙悟空这么大能耐，当了弼马温还不是乖乖地听玉皇大帝的摆布？

这县令有个好朋友，那就是吕公，吕公当时号称江南第一赌王，这县令把情况和吕公一说，吕公来了兴趣，心想我倒要会会这个刘三。县令看到吕公眼睛发了蓝光,赶紧说："我赶紧给你安排，你一定要让刘三输得干干净净，最好能把他的腿或者胳膊都给我赢过来，报一报我当时的仇，这次赢的钱全归你，我也不抽头了。"

吕公踌躇满志地来到沛县最大的赌场，县令也邀来刘三。刘三现在可是过着神仙般的日子，每天吃饱喝足就和一帮弟兄们在一起赌，人们也愿意和刘三赌。刘三输了就输了，不太计较，赢了还会和赌友们搓一顿，到了月底县令就会乖乖地送来银子供刘三玩，刘三怎一个爽字了得，刘三的赌技也突飞猛进，重要的是刘三结交了许多天下豪杰。

今天听到县令说来了个朋友，想介绍介绍他们认识，让刘三赔着这个朋友玩玩。刘三的朋友早和刘三介绍了这吕公是江南赌王，刘三心里说，报仇的来了。不过刘三仍是面带笑容的大大咧咧地来了，闲话少说，寒暄完毕，又天南海北地聊了半天，很自然的就说到赌上，两人心领神会，就摆起来了。

开始都没敢使出真本事，先试试手，刘三轻易地赢了第一局，第二局吕公赢了。一连赌了四局，每人各赢两局，算是打了个平手。吕公在看刘三的套路，刘三也在看吕公的套路，可是接下来刘三一连输了五局，刘三把所有

第八章
猎人的理财方式—刘三

的钱都输了,甚至把亭长的位置抵押了1000两银子也输了,吕公冲刘三笑笑,"不好意思,对不住老弟了。"

吕公拿出想不玩的架势,可是刘三不干了,钱倒是小事,可是亭长的位置舍不得,好歹也是公务员系列,旱涝保收,重要的是有亭长的位置,到哪里办事都客客气气的,那是面子啊,可是没了亭长的位置,什么都是扯淡。

刘三不服输,孤注一掷的性格又体现出来了,把胳膊往桌子上一放,我押这个胳膊。吕公笑道:"算了,我可舍不得胳膊。"刘三大声嚷道:"我不要你的胳膊,如我输了,你把我的胳膊拿去,如你输了,把你的钱全给我就行。"

吕公说:"算了,我的这些钱可不想再输给你。"刘三急了,挽起袖子就抓住吕公的脖子,"不行,咱再赌最后一把。"县令在旁边作好作歹对刘三说:"要不,你再压上一条腿,让吕公再多押一万两银子,你们再赌最后一次怎么样?"刘三说:"可以!"

两人又厮杀起来,这一次刘三不敢大意,他给赌场上茶的小二使了个眼色,别人都不太注意,可是小二知道这是什么意思,这还是刘三混迹赌场时结交的生死朋友。

这小二曾欠下高利贷,被人追杀,幸亏刘三仗义疏财,替小二还了高利贷,从此以后刘三指那打那,要不刘三怎么能在赌场常胜呢。刘三和小二之间早有了一套只有他俩才能明白的暗语,小二上茶的时候就通过暗语把吕公的底牌都告诉了刘三,刘三这里就好办了,最后一把刘三赢了。

愿赌服输,可是吕公没有一万两银子,当时县令也是满把认为吕公会赢,才说再压一万两银子,本来想卸刘三的胳膊腿的呢,谁知让刘三到赢了一万银子。吕公为难地说:"我给你打个欠条,明天我们再玩。"

刘三哈哈一笑,心想,跟我玩这一套,这都是我玩剩下的,跟我玩,你还嫩呢,山区鸽巴溜房檐,你还是雏呢,"你现在没钱了,给我写欠条,可是我不认字啊,不如干脆把你的胳膊腿给我吧。"

这下吕公傻眼了,人家不要钱要命,谁让咱输了呢,这县令眼珠一转,心想,你没给我报了仇,你的女儿给我做妾你不愿意,不如我现在报点小仇吧。

县令冲吕公一笑:"吕公啊,你看今天这事闹的,谁也不想看到这样的结果,干脆把你的女儿抵给刘三吧。""这怎么能行,如这样办了,不光我没面子,你作为朋友也没面子,不行,不能这样办。"这县令就凑到吕公耳边得不得的这么一说,吕公脸上露出了笑容。

接下来的事就是太史公记的表面现象了,刘三虚报贺钱一万,其实是赌债,又写到吕公怎么看刘三都是富贵相,又不顾老伴的反对把女儿嫁给刘三,其实根本的原因不过是吕公不得不这样,这些都是县令运作的结果,通过这个表面形式,吕公的赌债还清了,刘三还弄了个媳妇,刘三的名声也在外了。

各位看官,如你看到这里以为刘三以后就可以风风光光地享清福了,你算想错了。哪知这吕雉也是个人物,御夫术可不是炼了三五年,那简直是炉火纯青。

闲话少说,上文中已说过吕雉管他爹要了黄金千两做嫁妆,现在到了要收拾刘三的时候了,要不说,男人发不发财在女人,女人漂不漂亮在男人,吕雉就开始到了给刘三用手段的时候了,其实吕雉的手段也很简单。

第一个十天每天拿出八千两银子让刘三玩,回来不管刘三赢多少钱,吕雉一句话就打发了,"怎么才赢这么点,够干嘛的。"如是者十天。

第二个十天每天拿出三千两银子让刘三玩,刘三回来还是这样一句话:"怎么才赢这么点,够干嘛的。"如是者又十天。

第二十一天,刘三说什么也不玩了,吕雉一脸坏笑地问:"咋不玩了?""你一开始给我八千银子让我给你挣钱,现在给我三千银子让我给你挣钱,赢了钱你还嫌少，我没有成就感，以后再也不去玩了。"

不赌了，每天闲着可能就闲出事，刘三一天天东游西逛，可是心里也彷徨的很，男人总得干点大事的，想我刘三这些年的经验也要创造出自己的一片天地。

这一天他走到一家证券公司，看到里面人很多，他爱热闹，就信步走了进去，也就是在这里他碰到了张良，张良跟他大体一讲投资是怎么回事，刘三悟性很高，一听来了兴趣，心想我一定会在投资市场闯出一片天地。后来刘三也真是在投资市场闯出了自己的天地，成为世界首富，可是不是经验成就了他，而是他的性格决定了他的成功。

2. 韩国投资公司的破产

上文已交代，刘三碰到张良，大有相见恨晚之感，就想要重用张良，张良是个技术干部，把一些技术指标ＫＤＪ，ＭＡＤＣ，等等指标和刘三一讲，刘三头都大了,刘三说:"这么着,我让你去负责你比较熟悉的韩国投资公司，专门用你的技术去投资。"张良听到这里感激的真是稀里哗啦，心想，自己干一番大事业的机会来了，自己一定要好好抓住他。

张良踌躇满志地走马上任去了，他很快来到韩国投资公司，坐下来想想自己应该怎么做才能既不负自己生平所学，又不辜负刘三的知遇之恩。自己要好好珍惜这第一次独当一面的机会，心中的理想自己的才能马上就要能展示了，自己要好好表现自己，要一展自己的胸中块垒。让世人认识自己，实现自我价值。一时间张良心中心潮澎湃。可是怎样才能实现心中理想，还得要好好想想，张良冷静下来，觉得自己要首先解决以下几个问题。

(1) 选好投资哪个公司，做好哪个公司的庄。这是基础，选对了方向，离目标就会越来越近，如果选错了方向，用的力量越多，离目标就会越远。

(2) 要彻底研究该公司以前的资料。任何一个公司的现状都是由其以前的经历演化过来的，正如人们所说，现实是历史的重演，要好好利用这些，该公司以前的所作所为预示着其以后将会怎样发展。

(3) 要设置好止盈止损点。书上都这样说，设置好止盈止损点才能在操作中避免进退失据，才能做到进可攻，退可守。

(4) 要严格遵守纪律。一个组织、一个公司取胜的法宝是有严格的纪律，并得到成员的切实遵守，同样炒股也是要严格遵守自己所设的纪律，股市上多少人因自己前期计划得很好，但到最后执行阶段，因自己不能很好地遵守纪律，结果使自己最后被套牢，自己决不能犯这些低级的错误。

（5）还有最后一个需要做的便是先打个胜仗，让赏识自己的人不要失望。

张良盘算了这几件事的轻重缓急，觉得现在最急需做的事便是先打个胜仗，让刘三觉得没看走眼。选公司，怎么投资，这些都可以缓缓再说，先打个胜仗，报个喜再说。

张良用了一整天的时间研究上市公司的趋势图，毕竟这是投资，看不到摸不着，不好比较，不像有些人买个茄子白菜还要和小贩砍半天价，可是买股票，不能听到别人说这个股票好，连看也不看就投进去。

当然这也不能全怨这样的投资人，因为毕竟买股票和买茄子白菜不一样，茄子白菜摸得着看得见，股票可是没有具体的生活经验可以比较。当然股票对张良来说又是另一个样子，在张良看来，股票就是自己要买的茄子白菜，自己可以认真挑选。

先观察 KDJ 图形，选来选去选了马鹿股份公司。马鹿股份的趋势图，K线由右边向上交叉 D 值了，在低档连续二次向上交叉，这个马鹿公司差不多算是个中盘，以韩国投资公司的实力现在还是能把握住的。

现在这个股票在短时间是能成功上涨的，我要抓住它的涨势，现在它的

第八章
猎人的理财方式—刘三

日 K 线触及到趋势线时就获得支撑，短期来看这个股票在短时间内是可以上涨的。

张良认为上涨的概率在 80%以上，再说投资市场哪有百分百地抓住老鸹腿放枪的事，张良分析完后果断出击，第一天把持有的资金 50%买入马鹿股份，果然第二天马鹿又涨了 5%，张良二话没说，果断出手，短短的一天时间的短差就获得了 10%的毛利。张良美，赶紧告诉了刘三，刘三说："好啊，但是千万要谨慎，不要骄傲，骄兵必败，一天挣了这么多钱，也该好好犒劳一下自己。"张良说："没事的，刘总我一定会乘着这股优势，挣到更多的钱。"

张良旗开得胜，当然也不敢掉以轻心，毕竟这股市无情，今天你兜里的钱明天可能就会成为别人的，现在成功学的培训不就是培训怎么样把别人兜里的钱拿到自己兜里吗。在某种程度上说，股市就是一种合法的打劫场所，你不强势或你一打盹，你兜里的钱就会成为别人的，所以在股市里玩，不但要艺高，胆大，还要小心，缺一不可。

张良心想，我一开始就挣了这么多钱，当然主要还是给刘三一个惊喜，让他知道并没有看错我。现在是该开始好好做一下公司的发展战略了，战略问题是一个公司的灵魂，一个公司没有战略或战略不清，公司是走不远的，战略的错误甚至可以导致全盘皆输。

张良就开始考虑未来韩国股份公司走保守、稳健还是激进的路。张良第一个就否定了保守这一条路，因为自己掌握炒股的技术，是一个技术派高手，现在股票市场又是如此的活跃，保守不适合自己。稳健，稳稳当当获利，表面一看这策略确实不错，大约也适合所有搞投资的人，可是如果人人都选择稳健策略，股市中就不会有这么多亏钱的人了。

张良又仔细地考虑，在股票市场上收益和风险是成正比例的，走稳健的路子可能会使公司四平八稳地走下去，但公司不会有大的发展。不发展是最大的风险，这样一方面辜负了刘三对自己的知遇之恩，另一方面人们不都说年轻人要有无所畏惧的精神吗？年轻人有赔的本钱，现在也正是不怕的年龄。最后，张良还是决定韩国公司走激进的策略。

张良定下了激进的策略，他就开始着手研究哪只股票会成为自己的现金流。当然张良也想起了自己桥下拾履之事，知道自己性格不够沉着，容易冲动，这是自己的弱点，自己必须要克服冲动的性格弱点。

张良从300多只股票中选中了马鹿股份公司，虽然以前炒作该公司赚了钱，但是张良也不敢掉以轻心，他又仔细研究了马鹿股份，发现马鹿公司盘子不是很大，筹码分布在高价的不是很多，就炒作马鹿公司吧，设好止损止盈点，亏5%止损，赢10%止盈。张良决定下这些原则，接下来就开始选进场的时机了。

张良找来近半年马鹿股份公司的股价走势图，看它近几个月的表现，大致看来这半年马鹿公司正处于股价形成的圆底部，在经历了长期下跌之后，跌势逐渐缓和，最终停止了下跌，在底部横盘了4个月，现在正缓慢回升，股价又开始向上运动。

张良看了看，指着马鹿股份昨天的收盘价对助手说："按这个价位上下5%浮动内，把所有的现金都买入这支股票。"助手问："我们不留点子弹吗？万一这只股票不行，我们可是连反击的机会都没有了。""我看准的这只股票保证没事，一会儿我给你讲讲选它的理由，以后你们要用心学着点。"

张良具体给他的助手分析道："这个图形的走势类似圆点底部，怎么会形成这种图形的走势图呢？当股价从高位开始回落之初，人们对股价反弹充满信心，市场气氛非常热烈，股价波动幅度在人们踊跃参与之下，显得依然较大，但实际上股价在震荡中正在逐渐下行，不用多久人们就发现在这时的市场中很难赚到钱，甚至还经常亏钱，因此参与市场的兴趣逐渐减小。而参

第八章
猎人的理财方式—刘三

与的人越少，股价更加要向下发展以取得平衡，正是这种循环导致股价不断下跌，离场的人越来越多。然而当成交量越来越小的时候，经过长时间的换手整理，大家的持股成本也逐渐降低，这时候股价下跌的动力越来越弱，因为想离场的人已经离场了，余下的人即使股价再跌也不肯斩仓，这样股价不再下跌，但是这时候也没有什么人想买进股票，大家心灰意冷，这种局面持续了大约三个月左右的时间，形成了股价底部横盘的局面。"

"飘风不终日，暴雨不终朝。这种局面早晚会被打破，而盘局打破的象征是股价开始小幅上扬，成交开始放大，这说明市场上出现了新的买入力量，打破了原有的平衡，因而迫使股价上扬，事情的发展总是循序渐进、水到渠成的。当新的买入力量持续增强的时候，说明市场筑底成功，有向上发展的内在要求，于是形成了圆底的右半部分。"

"现在的股价成交量很大，股价也正向上突破，现在正是进场的好机会，圆底形成耗费了大约4个月的时间，说明马鹿股份在底部积累了较充足的动力，现在向上已经突破，将会引起一段相当有力而持久的上涨，现在正是进场的好时机。"

张良的助手听后佩服得简直是五体投地，张良在他们心中牢牢地树立起了听老板的没错的意识。

张良把大笔资金投了下去，股价立时见涨，第二天就上涨了5%，张良美，心想果不出我所料，炒股没有技术是不行的。

长话短说，5天之内马鹿股份上涨了10%，到了张良设定的止盈点了，抛还是不抛呢？张良有点拿不定注意了，现在股价的走势这么好，大量的抛，股价就有极大可能降，自己赚到的钱可能就会亏进去，不抛万一降了呢？谁说股价涨了心情就爽，也有烦恼。最后张良决定先抛五成的筹码，可是谁知张良的这五成筹码抛出去，马鹿股份连跌三天，股价的K线图走得很难看，到了第四天收盘的时候，张良的助手一计算，张良投资的马鹿股份现在是浮亏 5%，现在又到了张良为难的时刻了。

卖还是不卖，万一再落怎么办？卖了可就眼看着割了很大一块肉去了。坚守住自己定的止盈止亏点的想法占了上风，张良告诉助手，把马鹿股份全部清空。

张良虽然亏了 5%，可是心里觉得轻松了很多，不再纠结他的股票了，可是这样的心情没有保持半天，到了下午马鹿股份又开始升起来了，这大大出乎张良的意料。

按技术分析，我抛出了大把的股票股价应该降才对，难道有另一只大鳄在吃进我的股票，没听说有什么机构进来呀。晚上张良独自点上一柱香，如老僧坐定般静静地坐着，每当有什么想不透的事，张良经常这样一个人静静的坐着。

张良仔细分析白天所发生的事情，又仔细计算了 KDJ 指标、BIAS 指标、ADTM 指标、ROC 指标、VPT 量价曲线、BBI 多空指标，通过仔细计算对比，觉得这只股票明天还会涨。张良折腾到了四更天才稍微迷糊了一会。

第二天，张良迫不及待地叫过助手，"今天按昨天的收盘价全部买进马鹿股份。"股价一如既往的按张良的计算演绎，马鹿股份慢慢涨着，张良心想，不相信技术还真是不行。几天后，张良已小有盈余，十天过去了，张良盈余到了 10%。这时张良毫不犹豫地下达了命令，全部清空。可是这次股价并没有按张良的意志回落，而是又一路高涨起来，张良心里又开始纠结。

这钱存在银行能有多少收益，再者说，这钱总是在银行里存，好像我不干工作一样。终于在清空马鹿股份十天后，张良再次把资金全部投入马鹿股份。

可是这一次市场却并没有按张良所计算的指标趋势来进行演绎，很快，张良又浮亏了 5%。张良心想我不能太着急了，先等等看。这一等，五天的时间张良亏了 20%。不能再等下去了，赶紧全抛。可是股威莫测，张良抛完了后，马鹿股份又开始上涨了。这时张良变得很急躁，又全部买进，结果又降了。长话短说，几个月下来，张良被马鹿股份折腾得像害了一场大病似的，刘三给张良的投资基金也几乎归于零，韩国投资公司宣布破产。

事后张良对公司破产总结了一下原因：（1）过于相信技术不如无技术。（2）止盈点、止亏点一开始还坚持，但是随着赚的钱越多，或亏的钱越多，自己的这个止盈点止亏点就没有很好地得到执行，人的贪婪的本性就露出来了。（3）自己的性格在于谋划而不在于实战，可以当个参谋官而不是指挥官，战场的情景往往很大程度影响自己的心智，从而使自己判断失误。

张良带着失败的战绩和总结又去找刘三了。

3. 刘三稳赚的打法

话说张良拿着失败的战况来向刘三汇报，张良深刻地检讨了自己一贯依赖技术所犯下的错误，把错误都归结在自己的名下.刘三一再说："你说说客观原因。"张良说："客观原因是外因，如果没有我自己的主观原因，客观原因是起不了作用的，任何事情都有客观原因，但最重要的是主观原因。"

刘三笑了笑："我很欣赏你这种勇于承担责任的精神，这也是我信任你的原因，但是当局者迷，我从你的汇报中看出你确实对你的主观原因从技术角度分析得很到位，但是没有从你的性格中去分析。虽然你有桥下三拾履的经历，但是遇事仍是很着急，不像我天塌下来，有高楼顶着，另外你内心深处恐怕也有急于表现自己，急于给我赚钱的原因吧。"

张良流着泪说："三哥，你真是我的知音啊，你看到了我的心里，三哥今后听你的安排就是了。"刘三安慰张良道："人生都会有很多失败，没有失败，

理财巧方法
-草根刘三是怎样炼成的-

人们怎么会进步？用你们炒股专家的技术性说法，哪有一直不落的股票啊，不过你的长处还是要继续发挥，人只有有比较优势，才能混出个样来。今后你仍要注意发挥好你的比较优势，对马鹿公司，三哥要替你报仇。"

刘三和张良一行人开始了对马鹿公司的研究，一个月后，马鹿公司的各种情况都汇集在刘三的面前：公司正在对马变鹿进行研究，据说已取得很大的成果，但是现在不确定研究到哪一个阶段，该公司的研究机构很神秘，一般人员打不进去。另一路收集信息的人员也来汇报，据公开发表出来的信息，公司总裁胡亥和执行官赵高二人，在最近公开发表的言论中，说到"公司各级人员应团结一致，为公司的发展贡献力量。"为平均五天一次，而以前这样的话语只出现在年终的工作总结大会上，据此推断目前二人心和面不和。

刘三听着手下的汇报，陷入了沉思。第一条信息，马变鹿，听着很有前景，但是马生马，鹿生鹿，这是顺天而动，研究什么马变鹿，这是逆天而行，这里面背后肯定有文章。这二人最近的话语总是说团结一致，这是公开发表的，人们一般有哪些方面需要，才会在表面上表现出来，看来他们说的情况很值得注意。

刘三这里正沉思着，张良的分析报告也出来了，这次张良因为有一次失败的经历，这次的技术分析他做了充分的准备，又根据刘三爱简单化的特点，把技术分析弄得很简略，也能满足刘三的需要。

马鹿股份正在完成双底，在图形上分析马鹿股份正在形成双底，现在马鹿股份第二次回落，有支撑，没有创新低，他的成交量现在迅速萎缩，可以看出该股无法下跌，也就是没有人肯抛，这个双底已成功了一半，如果我们在这个时候介入，股价就会上升，等我们掌握主动后再进行高抛低吸。

刘三仔细地分析张良的这份技术分析资料，现在是技术上可行，再结合以前得到的马鹿股份的情报，现在只是有一些转坏的苗头，正如人的回光返

第八章
猎人的理财方式—刘三

照一样。在马鹿股份彻底败落以前，从各个方面会有一个大的飞跃，现在是快速抓住这一机会的时候了。

第二天，刘三就让张良把80%的资金买入马鹿股份，当然这里可就显示出了张良的技术优势和刘三的机构投资的资金实力了，张良先用大额的资金把小时的KDJ指标做的很坏，从图形看上去这个马鹿股份死叉出现，人们纷纷抛售，刘三轻松获得了50%的筹码，但是他的持股成本也不是很大，刘三看了持股分析报告，赞许道："运筹帷幄，还得说你们这些懂技术的。"

张良说："三哥，我们现在的持股成本比较低，也控制了大部分筹码，下一步该拉升了。"刘三笑着说："你就放心去干吧，要人给人，要钱给钱，你要把该股的K线图做好，以方便我们进行炒作，让他们给我们抬轿子。"张良乐呵呵地说："三哥，你就擎好吧。"

先不表张良在股市中翻云覆雨，再说刘三，每天提笼驾鸟溜逛于八大胡同，天上人间，每日吃喝嫖赌好不快活。如果你看到这里就认为刘三胸无大志，做了甩手掌柜，那你就错了，刘三一方面通过这些地方结交三教九流的朋友，通过他们来得到马鹿公司的实情。另一方面也为以后散布小道消息经营好自己的人脉。刘三认准这个理，无论你想成就多大的事业，人脉是基础，任何成大事的人，最后无一不归结于人脉。刘三就从这些三教九流都可能来的地方经营人脉，正是这些人脉成就了刘三的财富帝国，也有几次使刘三成功脱险，而不至于陷入万劫不复，此是后话。

半年时间过去了，马鹿股份从刘三当初的三两，已被张良炒到了每股29两，半年时间刘三的财富狂增近10倍。刘三美，不过刘三一直注意收集马鹿公司的信息，这不，这一天刘三又叫了天上人间的头牌小九红。

小九红对刘三说："三哥，别着急，今天给你讲个笑话，那马鹿公司被阉了的第二执行总裁赵高今天也来我们这里凑热闹。"刘三笑道："他那玩意管用吗?又让你受苦了。"

小九红嗔笑道:"你比他也好不了哪去,三哥,可笑的是,他说是来我们这减压的,让我们把他哄高兴就给我们银子。我们问他,你在公司就是一人之下万人之上的二把,你里面有事往下一安排,外面有事有一把顶着呢,你有什么压力。你猜这个变态怎么说?""小妮子还吊我胃口。""赵高说,你们只知道底下的事,哪知道上头的事。"刘三听了哈哈大笑,"你这个故事好。"

闲话少说,早 3 个月安排进马鹿股份公司办公室打杂的小丁也来向刘三报告说:"现在马鹿股份公司两派正斗得你死我活,以赵高为首的技术派利用马变鹿项目套取了公司大批资金,而胡亥近来有所察觉,正在秘密调查,马变鹿项目失败可能已成定局。"

这小丁就是刘三前 3 个月为了了解马鹿公司的详情,通过关系把他安排到了马鹿公司的,要不说刘三是高手呢,看似闲棋,可是到了关键时刻可能会把你老将将死的,这就是高手。不要相信什么命运上苍,好事怎么能让一些人这么幸运的赶上,这都是错误的观点,唯一的可能就是早在以前功夫就下了。

刘三得到这些消息找来张良商量,张良听后沉思了一会,提出了上中下三策。上策,再拆借资金,通过低买高卖炒高马鹿股份,然后全部清空。不过这样风险也大,如果马鹿公司的秘密提早泄露,就会把我们套牢,我们可能血本无归;中策,现在我们制造一些马鹿公司的利好传闻,在市场上传播,然后逐渐清空马鹿股份;下策,我们现在马上清空马鹿股份,快跑,以保住现在的胜利果实。

刘三听后说:"哪有逮着老鸹腿放枪的好事,现在我们要上中策结合起来。我去找熊心公司拆借点钱来,你们在市场上造一些利好的消息出来,然后我们震荡出货。当然这事要尽快办完,这可不像银行存款,你存的时间越长,

第八章
猎人的理财方式—刘三

利息越高。"

第二天他们就分头行动，刘三很快从熊心公司拆借到 5000 万两银子。市场上也在风传马变鹿马上就要研究成功，该项目的成功将能使公司成为世界第一掌握此项技术的公司，该公司只凭技术专利就能获利，总之马鹿股份这几天的表现就是价升量升。长话短说，在成交量放大，股价最高的一刻，刘三也出尽了手中的马鹿股份。

再说项三在听到刘三向熊心公司拆借资金，又看到马鹿股份的股价大开之际，心想好啊，刘三这小子用我们公司的钱生钱，闷声发大财，不行，不能光让这小子一个人发财。

项三也投入了大笔的资金买入马鹿股份，就在项三买入之际，刘三清空了马鹿股份。在刘三清空马鹿股份的第二天早晨，马鹿公司发布公告董事长胡亥因病暴亡，赵高暂代董事长职位。市场又传言，胡亥是被赵高害死的，因为胡亥发现赵高暗中套取公司钱财之事，随后又有公司内部人员传出消息，马变鹿项目是一个骗人的项目，只是项目几年来一直没有进展，项目宣布失败，马鹿股价应声而落，项三购买的马鹿股份全部被套牢。

刘三正在吃庆功酒，项三和范增也在商量着接下来怎么办。

理财巧方法
-草根刘三是怎样炼成的-

理财巧方法
草根刘三是怎样炼成的

第九章

吕雉和虞姬比
黄金投资智慧

第九章　吕雉和虞姬黄金投资智慧对比

1. 吕雉和虞姬的投资

刘三和项三都明白,以后的日子就看他俩的争夺情况了,二人都有了压力,有压力才有动力,人就像弹簧,你把他压的力量越大,反弹的也就越高。但是这里有一个情况,那就是压力有一个临界值,过了这个临界值就有可能会把他压断,压断了就永远也弹不起来了。

当然这压力也不是一下子就大的,而是逐渐加大,一个弹簧没有比较,怕就怕的是两只弹簧在比较,为了弹得比你高,你下压的力量大,我比你压的力量还大,这就有可能压到临界值,从而把弹簧压断,现在吕雉和虞姬就是两只待压的弹簧,刘三和项三就要开始给二人压力了。

刘三的这只茄子脸回去就对吕雉说:"我说老婆,现在虽然我们暂时胜利了,但据可靠情报,项三这家伙可能不甘心,5年之内我必定要和项三决一死战,现在胜利只是暂时的,以后大的对决还在后面呢,你要准备好子弹。"

吕雉微微一笑:"你看你那一脸道霉相,能打过人家项三吗,战场上要打胜仗靠的是士气,你这个德性还能打败项三,你那天不怕地不怕的性格哪里去了?"刘三苦笑道:"老婆,我现在不是心里没底吗,手中现在已没有多少子弹可用了。"

吕雉说:"三哥,小妹的私房钱就够你的子弹了。"刘三两眼放出光彩来:"你藏了多少私房钱?"吕雉笑骂道:"老鬼,我藏什么私房钱,还不是我老爸给我的那些黄金陪嫁,到时候我把黄金一卖,不就是你的子弹吗?"刘三说:"你那些黄金好是好,只是那些也不是现钱。"

吕雉很有把握的说:"我每天都盯着黄金的价格看呢,我会在一个相对高点卖出去,我知道黄金跟什么有关,你好好听听我给你讲一讲。"

"黄金跟米元关系密切,要时时注意米元的动向。米元是西方米国发行的货币,米元开始是和黄金挂钩的,多少米元能买多少黄金这都是一定的。后来米元和黄金脱钩,但是米国有米啊,米元现在还是国际硬通货,米元虽然没有黄金那样的稳定,但是它比黄金的流动性要好得多。因此,米元被认为是一类的钱,黄金是二类。

"当国际政局紧张不明朗时,人们都会因预期金价会上涨而购入黄金。但是最多的人保留在自己手中的货币其实是米元。假如国家在战乱时期需要从它国购买武器或者其他用品,也会沽空手中的黄金,来换取米元。因此,在政局不稳定时期米元未必会升,还要看美元的走势。简单地说,米元强、黄金就弱;黄金强、米元就弱。

"通常当人们为了储蓄保本时,取黄金就会舍米元,取米元就会舍黄金。黄金虽然本身不是法定货币,但始终有其价值,不会贬值成废铁,黄金是天热的货币。若米元走势强劲,投资米元升值机会大,人们自然会追逐米元。相反,当米元在外汇市场上越弱时,黄金价格就会越强。

"战争和政局震荡也会极大地影响黄金的走势。因为战争和政局震荡就会使经济的发展受到很大的限制,任何当地的货币,都可能会由于通货膨胀而贬值。这时,黄金的重要性就淋漓尽致地发挥出来了。由于黄金具有公认的特性,为国际公认的交易媒介,在这种时刻,人们都会把目标投向黄金。对黄金的抢购,也必然会造成金价的上升,盛世收藏、乱世黄金,就说的是这个道理。

"但是也有其他的因素共同的制约。比如,曾有一段时间世界上出现了

第九章
吕雉和虞姬比黄金投资智慧

许多的政治动荡和零星战乱,但金价却没有因此而上升。原因就是当时人人持有米元,舍弃黄金。因为人们认为米元有米国的支持,国家稳定,米元就稳定。所以说不可机械的套用战乱因素来预测金价,还要考虑米元等其他因素。

"还有一个因素,就是世界金融危机。也就是出现了世界级银行的倒闭,金价会有什么反应呢?其实,这种情况的出现就是因为危机的出现。人们自然都会保留金钱在手上,银行会出现大量的挤兑或破产倒闭。情况就像某些国家的经济危机一样,全国的人民都要从银行兑换米元,而国家为了保留最后的投资机会,禁止了米元的兑换,从而发生了不断的骚乱,全国陷入恐慌之中。

"当米国等西方大国的金融体系出现了不稳定的现象时,世界资金便会投向黄金,黄金需求增加,金价即会上涨。黄金在这时就发挥了资金避难所的功能。唯有在金融体系稳定的情况下,投资人士对黄金的信心才会大打折扣,将黄金沽出造成金价下跌。

"通货膨胀,对金价的影响也不能小觑。一个国家货币的购买能力,是基于物价指数而决定的。当一国的物价稳定时,其货币的购买能力就越稳定。相反,通胀率越高,货币的购买力就越弱,这种货币就愈缺乏吸引力。如果米国和世界主要地区的物价指数保持平稳,持有现金也不会贬值,又有利息收入,必然成为投资者的首选。

"相反,如果通涨剧烈,持有现金根本没有保障,收取利息也赶不上物价的暴升,人们就会采购黄金,因为此时黄金的理论价格会随通涨而上升。西方主要国家的通涨越高,以黄金作保值的要求也就越大,世界金价亦会越高。其中,米国的通涨率最容易左右黄金的变动。而一些较小国家,如夜郎、中山等,每年的通涨最高能达到300倍,却对金价毫无影响。"

"石油价格。现在石油和人们的日常生活越来越息息相关了，我们生活当中的每一件事，我们使用的每一件物品都差不多直接或间接的能和石油扯上关系，石油价格上涨意味着通涨会随之而来，金价也会随之上涨。

"本地利率。投资黄金不会获得利息，其投资的获利全凭价格上升。在利率偏低时，衡量之下，投资黄金会有一定的益处；但是利率升高时，收取利息会更加吸引人，无利息黄金的投资价值就会下降，既然黄金投资的机会成本较大，那就不如放在银行收取利息更加稳定可靠。特别是米国的利息升高时，米元会被大量的吸纳，金价势必受挫。

"利率与黄金有着密切的联系，如果本国利息较高，就要考虑一下丧失利息收入去买黄金是否值得。

"经济状况。经济欣欣向荣，人们生活无忧，自然会增强人们投资的欲望，民间购买黄金进行保值或装饰的能力会大为增加，金价也会得到一定的支持。相反之下，民不聊生，经济萧条时期，人们连吃饭穿衣的基本保障都不能满足，又哪里会有对黄金投资的兴致呢？金价必然会下跌。经济状况也是构成黄金价格波动的一个因素。

"黄金供需关系。金价也是基于供求关系的基础之上的。如果黄金的产量大幅增加，金价会受到影响而回落。但如果出现矿工长时间的罢工等原因使产量停止增加，金价就会在求过于供的情况下升值。此外，新采金技术的应用、新矿的发现，均令黄金的供给增加，表现在价格上当然会令金价下跌。一个地方一个时期也可能出现投资黄金的小高潮，例如在印度的节日里出现的黄金需求热潮，需求大为增加，同时也导致了价格的节节攀升。"

刘三听得有点不耐烦了，"你说这么多，听得我头都大了，你就说怎么在最高点把黄金卖掉，换成钱吧。"

吕雉笑了，"就你这着急脾气，什么时候也不会卖到最高点，其实我们只

第九章
吕雉和虞姬比黄金投资智慧

能卖到一个相对高点,在投资上频频买进卖出不是一个好的投资者,这不是勤能补拙,而是勤能亏钱,在投资上你的勤只能用在分析形势上,我一直在关注着我以上说的几点,我在考虑它们各自作用的强度到底有多大。在分析每个因素的主次地位和影响时间段,来进行最佳的投资决策,你放心我会做出最好的决策来,保证在你最需要钱时,把黄金给你换成现金。"

不说这里吕雉和刘三打保票,再来说一说项三。项三也认识到了情况的严重性,刘三这个老帮菜,想和我斗,我还有秘密武器呢,他指的武器便是曾给虞姬的黄金,这是底气,有了这些,项三觉得就有和刘三斗一斗的资本了。

项三对虞姬认真地说:"达令,往后我就要和刘三对决了,在我和刘三最后对决的这些日子里,你要想办法把我们的黄金卖掉,换成钱,好让我有充足的子弹把刘三打败。"

虞姬信心满满地说:"放心吧,我会密切地关注黄金的,我会让黄金的收益颗粒归仓的。"虞姬心想,我辛苦一点,我要给知己人项三一个满意的回报。

怀着士为知己者死的心态,虞姬走上了炒金路。虞姬为了博得大的收益,把自己的金首饰都一块加了进去。当时因为秦国和韩国正打得难解难分,黄金价格涨幅很大,5天内就涨了5%。虞姬看到几天内涨了这么多,就把黄金全部卖掉。

可是项三现在用不着这笔钱,虞姬心想等黄金价格落下来,我再进入。真是天从人愿,想什么来什么,秦国很快把韩国吞并,社会又稳定下来,黄金的价格又下来了,虞姬很快把现金又换成了黄金,虞姬心里美。

可是由于秦国需要米,从西方的米国进口了很多米,造成米元的坚挺,黄金价格又下降了,虞姬一合计,按现在的价格卖掉黄金,以前赚的钱可是都要赔进去,连米国的巴菲特都说留着子弹总会打着兔子的,留着子弹要紧,

理财巧方法
-草根刘三是怎样炼成的-

虽然暂时没有兔子打，留着子弹，等到有兔子打时，有子弹就有兔子，就怕没有子弹，眼看着兔子溜走。

虞姬毫不犹豫地把手中的黄金卖掉，可是总不能回回天从人愿。米国看到自己的米元可以买外国的很多东西，不禁想到，我多印点米元，那外国的东西就都成了我的了，结果它就开始多多印米元，人们看到米国这么没有信誉，就又开始疯狂买黄金。关键时候还是黄金保险啊，黄金价格又很快升上去了。

虞姬又坐不住了，人们都说黄金保值增值，眼看着自己手中的钱不值钱了，买还是不买黄金，是个问题，怎么办？

在不能决定前进的方向时，抛硬币看字面是很多大人物决定大事的首选，就犹如老百姓靠天吃饭一样。字是全部现金买黄金，面用现金的一半买黄金，直立保持现状，还好硬币没有直立，字的一面朝上。虞姬毫不犹豫地把现金全部买了黄金。

可是没有几天，米国换了皇帝，新皇帝一改前任不负责任的乱印钞票行为，发表了讲话，要做一个负责任的大国。米元又开始坚挺，黄金价格就这么又回落了。虞姬很纠结，这可是项三和刘三对决的战备，决定刘项的胜败，卖了吧，现金为王。

没几天，又传来了米国要出兵攻打秦国，黄金又坚挺起来，虞姬又买了黄金，心里总觉得在黄金的价格升降中，自己不操作一把，在良心上过不去，好像自己什么也不干似的，也觉得有点对不住项三对自己的信任。

可是她不知道的是在投资领域，有时懒一点可能就会逃过一劫。简短截说，虞姬就在黄金的起起落落中，进进出出，最后她的现金剩下了当初卖黄金所得的20%。虞姬一盘点，惊出一身冷汗，都说炒黄金保值增值，我怎么就赔钱呢，这可怎么办？赶紧想补救措施，有这20%，我再把项三给的生活

第九章
吕雉和虞姬比黄金投资智慧

费、父母的养老金都投进去，去炒黄金期货，没准还能把我赔的钱都再挣到手呢。

黄金期货有杠杆效应，我把这些钱当做保证金，踏对脚步一下子可能比投资黄金盈利多十多倍，几个交易下来，我就会把亏损的给赢回来。我就不信我交了这么多学费还没学会游泳。

虞姬抱着入地狱的心情去投资了黄金期货。她也想好了，要好好安排一下交易时间。虞姬从黄金的历史交易数据中分析出，早5-14点行情一般极其清淡，原因是由于亚洲市场的推动力量较小所为，一般震荡幅度较小，没有明显的方向，多为调整和回调行情。一般与当天的方向走势相反。如：若当天走势上涨则这段时间多为小幅震荡的下跌。此时段间，若价位合适可适当进货。

午间14～18点为欧洲上午市场。欧洲开始交易后资金就会增加，且此时段也会伴随着一些对欧洲货币有影响力的数据的公布，此时段间，若价位合适可适当进货。

傍晚18～20点为欧洲的中午休息和美洲市场的清晨，较为清淡。这段时间是欧洲的中午休时，也是等待米国开始的前夕。此时间段宜观望。

20点～24点为欧洲市场的下午盘和美洲市场的上午盘。这段时间是行情波动最大的时候，也是资金量和参与人数最多的时段。这段时间会完全按照当天的方向去行动，所以判断这次行情就要根据大势了，此时间段是出货的大好时机。24点后到清晨，为米国的下午盘，一般此时已经走出了较大的行情，这段时间多为对前面行情的技术调整，宜观望。

虞姬在投资黄金期货时做了很多功课，由于国际市场上交易最活跃的时间往往是夜间,可是项三和虞姬正是干柴烈火的时期,这时候正颠鸾倒凤呢。

虽然虞姬知道，如果这时出现对市场冲击较大的突发事件，就有可能令全球金价日内波幅增大，次日国内市场往往会出现大幅跳空开盘的情况。虞姬根据这种情况，在设置止损时把计划止损同突发止损结合起来。很快她就用上了止损，米国晚上加息，第二天黄金就跳空低开了，结果虞姬亏了一半的保证金。

虞姬坐不住了，想要尽快赚回亏损的资金。虞姬分析未来将有一波大的行情，赶紧抓住赚钱的尾巴。虞姬分析对了，是有一波大的行情，可是这一波大的行情与她预计的涨相反是跌，导致了她更大的损失。虞姬没操作几回，就因为踏错了脚步，保证金都被她赔光了。

这可怎么和项三说呢？虞姬失眠了，项三说，"怎么了，宝贝，想我了？"虞姬苦笑说："达令，我现在可顾不得想你了，我老实交代吧，我把咱们的黄金给炒没了。"项三看着虞姬，不相信地问道："全赔了，交了这么多的学费？"

虞姬一幅死猪不怕开水烫的样子，项三无语，想了想说："好歹有我们的房子在，这几年房价连着涨，当时要是都买成房子现在我们要赚好几倍呢，这些也足以抵消你的学费了。不过交了这么多学费，你要好好总结一下。"

2. 戚姬的炒金总结

戚姬闭门3天，好好总结了自己炒金失败的经验教训，觉得可以给项三有个交代了。下面就是戚姬的总结：

投资黄金期货不要拿穿衣吃饭的钱作为资本。做期货，以小搏大，把吃饭穿衣的钱都拿出来做投资，就犹如脑袋上时时压着个大磨盘，脑袋压个大磨盘，想啥都不中啊。资金压力过大会误导投资策略，增加交易风险，而导致更大的错误。每次投资最好是除去生活费的闲散资金的三分之一，等做成功了再逐步加入。

赢利了，就抽回一部分钱。当赢利超过本金很多时，把本金抽回来，利

第九章
吕雉和虞姬比黄金投资智慧

用赢余的资金去做，纸上富贵落地粮，这句话到什么时候都不会错的。

磨刀不误砍柴工。投资前要好好准备，先模拟操作下，耐心学习，循序渐进，不要着急开立真实交易账户。不要与其他人比较，因为每个人所需的学习时间不同，获得的心得亦不同。在模拟交易的学习过程中，要摸索出适合自己的操作策略与型态，当大多数的日子都有钱赚，每月获利额逐渐提升，再开立真实交易账户进行交易。

该止损的时候必须止损，除非天上掉黄金。当你做交易的同时要确立自己亏损多少就会肉疼，在肉疼的时候就赶紧跑掉，不要相信肉疼只是一会儿，不要找寻借口试图孤注一掷地去等待行情回转，应立即平仓，即使最后行情真的回转，也不要婉息，因为你已除去行情继续转坏、损失无限扩大的风险。

你的鼻子不要让别人牵住。也就是说你必须提前做好交易策略，是你去控制交易，而不是让交易控制了你。应做到以账户金额衡量交易量，不要过度交易。交易须控制在一定范围内，如果你能确定目前的走势对你有利，可以50%，否则每次交易不要超过总投入的30%。依据这个规则，可有效地控制风险，一次不要交易过多的手数，否则很容易产生失控性的亏损。永远把资金安全放在第一位！

子弹要充足，也就是说交易资金要充足。账户金额越少，交易风险越大，因此要避免让交易账户仅有做一手的金额，做一手的账户金额是不容许犯下一个错误。但是，即使经验丰富的交易人也有判断错误的时候，错误难免，要吸取教训，切勿重蹈覆辙。错误及损失的产生在所难免，不要责备你自己，重要的是从中记取教训，避免再犯同样的错误，你越快学会接受损失，记取教训，获利的日子越快来临。

赔赚不惊。不要因赚了100而雀跃不已，也不用因损失了100而想撞墙。交易中，个人情绪越少，你越能看清市场的情况并做出正确的决定。要以冷静的心态面对得失，不是从获利中学习，而是从损失中成长，了解每一次损失的原因，则你又向获利之途迈进了一步，因为你已找到正确的方向。

最大的敌人是你自己。贪婪、急燥、失控的情绪、没有防备心、过度自我等等，很容易让你忽略市场走势而导致错误的交易决定。不要单纯为了很久没有进场交易或是无聊而进行交易。没有人会说你必须天天进行交易，即使交易一笔，但这笔交易获利了1000或者5000，也表示你的决策是正确的，并无任何不妥。

做好日记。每日详细记录决定交易的因素，当时有什么消息或是技术指标让你做了交易决定，做了交易后再加以分析并记录盈亏结果。如果是个获利的交易结果，表示你的分析正确，当相似或同样的因素再次出现时，你的所做的交易记录将有助于你迅速做出正确的交易决定；当然亏损的交易记录可让你避免再次犯同样的错误。

听听别人的说道。交易决定应以你自己对市场的分析和技术图形及感觉为基础，再参考他人意见。如果你的分析结果与他人相同，那很好；如果不同，那也不用太紧张。如果分析结果真的相差太悬殊，而你开始怀疑自己的分析，此时最好不要进行真实交易，仅以模拟账户来进行。如果你对自己的决定很有信心，不要犹豫，做了就是，你的多项预测将会有对的一个，如果你的预测错误，要找出错误所在。

止赢和止损同样重要。谁都想亏损能尽快终止，获利能持有多久就放多久，可是谁又能知道多久是多久。能做到不让亏损发生这就是最大的赢。面对市场突如其来的反转走势，与其平仓于没有获利的情形也不要让原已获利的仓位变成亏损的情形。要随着价格的上扬或下降逐步提高或降低你的止损止盈位置，不要刻舟求剑或者一厢情愿地认为会无限的涨下去，坚决不要把已经获利的做成亏损。

第九章
吕雉和虞姬比黄金投资智慧

面对亏损，不要和赌徒一样急于翻身。亏损了，这时不是急于开立反向的操作欲图翻身，这往往只会使情况变得更糟。而是要静下心来总结一下自己亏损的原因。不要试图跟市场变化玩猜一猜的游戏，错失交易机会，总比产生亏损来的好。循序渐进，以谨慎的态度学习交易操作技巧，不要用赌博式的高风险式的交易手法，否则你只能割肉。

我也要告诉一些新手，不熟不要盲目操作。不熟悉黄金期货最好不要做，只有在充分了解了黄金期货的情况下，并且在模拟交易中，你能多次盈利，摸清了一些规律，才能获利。

看好趋势的情况下选准时机。做黄金期货时一定要选择好的时机进入，当趋势不明时最好不要进入。合约的选择也很重要，因为合约到期后是要交割实物的，就算你选好了时机，看清楚了趋势，合约到期了，你也必须要平仓，无法再在此合约上继续下去。

资金利用不要满仓。黄金期货不易爆仓，那是因为短期内波动不大，占用的资金不多，但你若是满仓操作的话，价格有一点不利于你的变化，你就会被动地处于爆仓的边缘。

要打起十二分的精神注意黄金期货的隔夜风险。黄金交易都是24小时不间断交易进行，黄金期货市场跳空高开或低开是很正常的，所以一定要注意隔夜风险避免损失。看不准趋势的话，在日内平仓也是可以的。在初期若不熟悉黄金期货交易，或无法摸准黄金交易的趋势的话，先做模拟交易。先模拟做熟了，再来真的，磨刀不误砍柴工，钱都在那里摆着呢，就看你刀快不快了。

项三仔细研究了虞姬的总结，心中有所感，这不和我炒股有异曲同工之妙吗？她的这些炒金也适宜炒股啊。

理财巧方法
草根刘三是怎样炼成的

第十章

刘项对决

第十章 刘项对决

1. 红门密谋

再说项三这回在马鹿股份上可亏大了,心中咽不下这口气,可胳膊折在袖子里,只有自己知道疼。项三发狠地想,我抢也要把刘三从我口袋里掏走的钱弄过来,我不能让这小子白白得到好处。他找来范增商议对策。

项三说:"我要把刘三干死,把我们的钱弄过来。"范增笑了,"如果你心中一直想着拼命,要我们理财师干什么?我们理财师就是通过合法手段把别人的钱弄到我们的口袋里。对待刘三我早想好了上中下三策:上策是把刘三找来,我们共同商议个对策,实现双赢,毕竟刘三的名字曾出现在马鹿公司的前十名持股人名单里;中策是我们告刘三,说刘三虚假交易,利用内幕消息交易,当然这里面有难度,证据不大好找;下策就是伺机报复刘三,等刘三再投资时,他一方面就会因这次投资的胜利而骄傲,我们就可以伺机吃掉他;另一方面他也会因为这一次的胜利而认为成功可以复制,就会一次次复制此次的成功,我们就可以从中找出破绽,一击而中。"

项三笑了:"还有双赢这回事,你详细说说看,就没有输的一方?"范增笑道:"这世上涉及到利益的双赢其实都有一个输的第三方,这第三方不是国家就是大众,只是没法追究罢了,我们把刘三找来,他手下的张良足智多谋,肯定能想出好方法来,让他们再托托马鹿公司,最低限度把我们套住的股票解套,把击鼓传花传到我们手里的花再传下去。"

项三半信半疑的说:"你这个上策听起来很美,不过死马当活马医。把他请来,我们再商量,不行我就在饭桌上割下他吃饭的家伙。"

理财巧方法
-草根刘三是怎样炼成的-

项三找到他二大爷项伯,对项伯说:"听说你和张良不错,通过张良的关系把刘三请来,我要好好请他搓一顿。"项伯乐颠颠的去了,找到张良说:"张兄,我家老板得到一件宝贝,想请你和你们刘总一起看看。"

张良说:"宝贝都秘不示人,没想到你们老板还大张旗鼓,骗人没这么骗的。"项伯很认真的说:"张兄,都说你聪明,看来真是名不虚传啊,实话告诉你张兄,我们项总想请刘总吃个饭,我们遇到了困难,想请刘总帮个忙。"

张良略一思索对项伯说:"你知道我们刘总很高傲的,没有什么具体的东西打动他,可能请不动他。"项伯想了想说:"我有个小子到了结婚的年龄了,听说刘三有个女儿,干脆你做个媒吧。"这样张良满口答应,说与刘三,刘三一听,高兴地说:"好。"

张良顺势说:"项三想请请你,和你见个面。"刘三因为刚刚在马鹿公司赚了很多钱,正高兴呢,一听还有人请,高兴地答应了。第二天,刘三、张良还有樊哙,都到了鸿门。

这樊哙和刘三是连襟,一听哪有场就来劲,所以这次刘三也把他带过来了。话说这樊哙别看吃饭快,可不是饭桶,能吃饭能干活能思辨说的就是樊哙。

到了红门,刘三一看就高兴了,"我就愿意看到满眼红。"话音未落,项三迎上来亲热地对刘三说:"老三,行啊,你小子蔫了吧唧的发了大财,今天你可要好好教我。"刘三得意地说:"哪里哪里,还不是托你项总的福啊。"

酒过三巡菜过五味,这话就扯到正题了,范增首先挑起词来:"刘总,马鹿股份你小子成功逃走,可坑苦了我们项总啊,你赚的钱可有一多半是我们项总的。"刘三说:"胡扯,在股市中是合法竞争,我的钱是从股市中得来的,怎么会是你们项总的?"

范增示意项庄,项庄拿起一把刀,从盘子里拿走一个猪肘子往空中一抛,

第十章
刘项对决

削做两半,"见面分一半,你看我这一刀,就把这个猪肘子削做两半,谁的脑袋有这猪肘子硬。"

樊哙夸嚓一声把拳头砸在桌子上了,吓了项三一跳,"什么人,这么大胆。"刘三赶紧说:"小孩他姨夫,暴脾气,两头牛打架,凭他两只手就给分开了。"项三露出惊讶的神色,说:"好汉!你把项庄切的两半肘子都能吃下去吗?吃下去我就不要你从马鹿股份里取得的财富了,你吃得下去吗?"

樊哙心想,正他妈的对我胃口,二话没说,就把项庄切作两半的肘子吃了下去。项庄这个后悔啊,好好的一个大肘子让饭快这小子给吃了,我什么也没闹着,他狠狠的瞪了范增一眼,心想你饭增的再多,也架不住他饭快啊。

范增一看,自己要成为众矢之的,赶紧打圆场,"三弟,我们项总主要是想向你讨教赚钱之法,刚才那都是开玩笑呢,呵呵。"项三也尴尬的乐了乐,刘三面无表情地说:"什么赚钱之法啊,在股市中就是高抛低吸,贱买贵卖,这有什么秘诀,就这么简单。"

范增一看在刘三这里可能是得不到什么,转而去敲打张良。范增说:"听说你的谋士张良少年才俊,上知天文下知地理中知人事,在投资市场是如鱼得水,听说这马鹿股份就是你三下五除二给搞掂的,你真是人中翘楚啊。当然也是你张良遇到了刘总这个好老板啊。"

要不说人之患在好为人师呢,连张良这样的智慧型人才也不能幸免,范增的几句话就打开了张良的话匣子,张良从左侧交易、右侧交易、从 KDJ 指标到, MADC 指标滔滔不绝的讲下来。

范增好不容易等到张良喝水的这么一个空隙,忙打断张良,对张良说:"你说的话就是我们的最好教材,你说的话我一定写到木上,听到耳里,看到眼里,记在心里,落实在行动上。可是你看你看你通过运作马鹿股份赚了一大笔钱,可是我们项总却在这上面吃了大亏,以你的智慧,让我们项总最低限度的也解套吧。"

张良说的兴起:"要不这么着吧,我们来个双赢,坑一下国家和人民,你项总持的马鹿股份给我三分之一,然后我去运作大秦集团对马鹿公司重组,等到重组完成后,股价上扬,再把我们的股票卖出去,你看这就是个双赢的策略,等到那些散户跟上来时,我们赚得差不多了,再共同联合把马鹿股份卖掉。"

范增说:"你小子也太黑了吧,我们还没赚钱,先让你白白拿去三分之一的股份,这买卖我不干。"张良说:"你给我的三分之一股份是我的运作成本,以及以后我们两家合作进行炒作马鹿股份的初始成本,怎么能说是白给呢。"项三这时插话说:"你们不要炒了,我最后定了,我给你四分之一的股份,但是最低限度把马鹿股份的股价从现在的一两给我炒到十两,否则我们赚不了多少钱。"刘三也说话了,"好了,我们就这样定了。"项三和刘三尽欢而散。

接下来的事情就很简单了,先是马鹿股份被停牌,然后张良用他那如簧之舌,说动大秦集团重组马鹿股份,他找到大秦集团董事长子婴,"马鹿股份是你集团下属企业,属于国有企业在你任上干黄了,你不就是千古罪人了吗?再说如果马鹿股份破产,你们这些当头的也会死得很难看的,所以说你还是抓紧搞重组。你重组马鹿股份最少能得到一大块土地,然后搞房地产开发,你们大秦集团就会有很好的结果,你作为董事长也能得到很大的发展,再说你还有可能从政呢,这一举两得的事,你为什么不重组马鹿公司呢?"几句话下来,大秦集团子婴董事长决定重组马鹿股份,并进军房地产业。

接下来的事情就简单了,马鹿公司连跌了十个交易日后,在下跌的这十天里项三卖掉房子,把锅砸了卖铁,又凑了点钱买了马鹿股份,范增劝项三别买了,万一张良的计策没能实现呢,项三说了一句:"身子掉井里,耳朵还挂的住吗?不在这一点了。"

第十章
刘项对决

项三在这里砸锅卖铁，而刘三正花天酒地，有钱了吗，有钱不用，过期给别人用，等到张良运作大秦集团回来给刘三汇报，刘三正躺在温柔富贵乡里呢，张良一看这个就找暴脾气的饭快来一起劝刘三，张良不好意思，饭快可是心直口快，"我说刘三，你不要以为你有俩钱你就不知道姓什么，吃喝嫖赌，你还想过我们被人追债的日子吗？我们现在得用钱生钱，我们的生活才能不被改变。"

刘三哈哈一笑，"我就玩这几天，放松放松嘛。"张良很认真地说："我们怕冷了弟兄们的心啊。"刘三终于醒悟。可是现在马鹿股份已停盘了，错过了买入的好机会，张良也只能干着急。

一个月后马鹿股份重组成功，复盘后的马鹿股份那可是扶摇直上，股价连涨半个月。项三果断地清空自己手中的股票，刘三和项三都是眉开眼笑。正所谓乐极生悲，刘三和项三又坐在桌前协议分成比例，项三看着这白花花的银子，心里又犯了合计，刘三就出了个主意，放出点谣言，就想弄走我三分之一的利润，不行，顶多给他十分之一，也算便宜了这小子了。

到了第二天，项三让项伯把刘三他们找来，说说分红的事，刘三不想有它，就和张良高高兴兴地来到天上人间。先吃饭，再泡澡，后泡妞，一套流程下来，大伙都很高兴，坐在桌前，刘三光等着项三赞扬他弄得好，心想说不定还能多分点呢。

闲话少说，客套话说完，马上就说到了分红的事项。项三先开口说话了，"老弟，这次多亏了你们，让我赚了这么多钱，要不是你们出主意，放谣言，我怎么能获得这么多的利润呢。"张良听后赶紧纠正："不是让你，而是让我们多赚了钱。"

"呵呵，我和我们有什么区别吗？我的是我的，你的也是我的，我们的还是我的，你说是不是啊，项庄？"项三看向项庄，项庄拿出一把亮闪闪的匕首，剁在一个大生猪肘子上，这回没让上熟肘子，项庄用匕首举着肘子举到张良面前，"你今天全吃了吧。""不要，不要。"张良惊慌地说。

项三说："哪能都不要呢，给你十分之一的利润，够意思吧？"刘三刚想骂人，张良赶紧用脚踢刘三，刘三马上醒悟，赶紧说："你小子够意思，我一分钱没投，就给我这些钱，呵呵。"项三满面堆笑："小意思，毛毛雨啦，咱们以后合作愉快。"三人举起杯一块干了。

在回去的路上，刘三愤愤不平地说："这个项三，今世不把你的钱都弄过来，我改姓文，不要右边的刀子了，我宰人的手没想到被人宰了。"张良劝道："你没看到今天的架势了吗，不这样，咱们怕是难以脱身啊。"刘三坚定地说："君子报仇，5年不晚，我要用5年的时间让你项三倾家荡产。"

2. 刘项对决

项三赚了很大一笔钱，现在开始踌躇满志，翅膀也硬了。这时的熊心公司的董事长熊心年纪也大了，也没用雄心大志了，有时看不惯项三的一些做法，就说项三，项三是有钱的主，哪能听熊心的管教。

从这以后，熊心说往东，项三就往西，本来项三想往南，熊心也让他往南，可是熊心一说让他往南，他也不往南了，他明明不愿往北也往北去了。几件事下来，弄得熊心心灰意冷，自动撂挑子不干了，项三就自动当上了熊心公司的董事长。

项三当上董事长后，第一件事就是改公司名称为霸王集团股份有限公司，听着多有气魄，公司面貌也焕然一新。霸王股份在范增的努力运作下慢慢地走上了正轨，项三也有了大把的时间来挥霍青春。人一闲就思动，项三觉得一个霸王股份公司不足以发挥自己的聪明才智，又成立了一个霸王投资公司，专门搞对外投资，老鸹子叫老板干大了。

第十章
刘项对决

这时，项三觉得人手不够，大肆招聘人才，这一次把韩信招来了，项三看到韩信一米八五的个子，瘦瘦高高的，项三一看就不太满意，手无缚鸡之力的书呆子一个。

韩信多聪明的一个人啊，看到这里，知道项三怀疑自己的能力，就对项三说："项总，让我移树拔山可能不行，但是让我作理财规划、策划个理财方案，聚敛天下财富还是没有问题的。"项三鼻子里哼了一声，"好了，先干干再说。你先收集资料吧"

韩信研究了半个月的投资形势，对项三说："现在要稳固霸王集团产业，虽然现在看上去我们这个集团繁盛，但是现在如抽出资金干投资，我们就会很空虚。"项三截断他的话说："你知道什么，我们不这样，我们的资金不更少吗？我们抽出资金搞投资，就是为了挣更多的钱，你懂什么，让你收集资料，你却在这里研究起了投资的事，我搞投资的时候，你还穿开裆裤呢，让你准备材料你不好好准备，干脆你打扫卫生吧。"一代理财天才就拿起了扫帚。

韩信一边打扫卫生，也在一边观察项三。韩信在一次吃饭时看到项三对侍候他的厨师大发脾气，事后问厨师为什么？原来厨师只是先上了几样家常菜，硬菜没有及时上，让项三以为就这几样菜，从而大发脾气。通过这样的小事，韩信看到项三只是一个只看眼前利益，且脾气急躁的人，凭他在江湖行走的这几年的经验得知，项三是成不了大事的。在一个月黑风高的夜晚，韩信从霸王集团走了出来。

再说项三，根本没把韩信放在眼里，这时自己早已盯了齐国股份公司一个多月了。他分析现在的齐国股份已形成突破上升三角形的形态，现在进入是可以赚到钱的。

项三已经跟踪齐国股份很长的时间了，齐国股份在涨了 5 天后，在每股六两的价位遇阻回落，一回落，成交量就从 5000 万股迅速缩小到 1000 万，说明上方抛盘并不急切，股价落下没有多少，很快又冲击六两，可是这一次成交量变成了800万，股价稍作回落，这次股价只跌到五两六，成交量变成了500万，项三分析，如果我在回落到五两八介入，股价就会马上向上突破，从而会引起许多人追捧，就会出现放量上涨。

现在许多人会盯住这一点，正在寻求突破，我加把火让它突破，让他们来给我抬抬轿子。项三思虑到此，毫不犹豫地投入了5000万两，股价很快升至六两五。可是好景不长，股价迅速回落到六两。项三又投入了5000万两，股价冲高至六两六。长话短说，项三前后投进去了两亿两，股价才在六两八左右盘整起来，对这一两的利润，项三当然不放心上，他的牛脾气又上来了，行啊，还吊我胃口，我非得把它炒到十两以上。

这时他的助手对他说，"项总，现在我们没子弹了。"项三想也没想随口就说："让范增想办法去，他就是我的后备基地，没钱就管他要。"很快范增分两批支援了一亿两，项三在股市上高抛低吸，翻云覆雨，很快把齐国股份炒到九两。手下人都劝项三算了，赚得差不多了，项三的牛脾气上来了，"我必须把他炒到十两以上。"再管范增要钱，范增也没钱了，只好把公司持有的本身的霸王股份卖掉，他这里卖自己的霸王股份，然后把钱给项三炒作齐国股份，这下市场上霸王股份直线下降。

刘三一直在抓机会以报红门之仇，也该刘三这小子发财，韩信从项三那里跑出来，没地方去，听到江湖人传言刘三有当世界首富的气度，就投到了刘三这里。

刘三听到韩信来了，正足浴着呢，也顾不得穿鞋，光着脚就来迎接韩信了。为什么刘三这次这么着急见韩信？原来刘三这里正愁少一个知道项三底细的人，俗话说知己知彼，百战不殆，以前是知己，现在韩信来了就做到了知彼。

第十章
刘项对决

通过韩信对霸王集团的分析,从霸王股份的走势图上可以看出霸王集团正在套现。考虑目前的情况,分析是项三对外急于扩张,可能是在投资齐国股份时缺少资金,现在急于套现,正是我们进入的好机会。刘三这里就悄悄地吸入,等到范增发现,刘三已持有霸王集团30%的股份了。

如果刘三继续购入,就有可能控制董事会,控制了董事会,项三想重新执掌大权就难了。范增赶紧把这种情况跟项三一说,项三一听就急了,我不能把我的根据地丢了。项三马上卖掉一部分齐国股票回到霸王集团,亲自指挥和刘三的决战。

项三和范增二人商量了半夜,第二天决定把所有的钱全部买进霸王股份。这里刘三不知道啊,还傻呵呵地在买。心里还在做着有一天控制了霸王集团把项三赶出去、出一出胸中恶气的美梦呢,有了项三的进入,霸王股份大涨。

刘三还是吃进,反正以前进入的成本低,现在要不惜血本,从量上能控制住霸王股份,心中正高兴又赚了不少。这里项庄觉得筹码收集的差不多了,对范增说,传出点利空的消息,这时市场传言,项三被调查,原因不明,霸王股份连跌15天,刘三和韩信只有哭的份了,他们手中持有的霸王股份深度套牢。

15天后,霸王股份成交量极度萎缩,股价半死不活,韩信后悔不已,刘三笑着对韩信说:"这没什么,振作起来,每一个成功都是无数次失败堆积起来的,每一次的失败都会使我们离成功更进一步。把我们持有的霸王股份抛出去点吧,输了就得认,抛出去换点钱,我们得吃饭啊,我们不但要吃饭还要吃好的,没事的。"韩信的心情好了一点。

再说项三利用自己的资金优势和持有霸王股份的数量优势,在市场上翻云覆雨,没过多久霸王股份的控制权又牢牢地把握在了项三的手中。

刘三在和项三的第一次对决中以完败收场,但是刘三是输钱不输气,刘三心想大雨不能天天下,我就不相信你项三没打盹的时候,我就和你耗上了。

再说韩信出师先捷后完败,觉得丢了很大的面子。私下分析原因,一是有点贪心不足、急功近利的心理,二是自己在刘三手下干事总有点放不开手脚,虽然刘三对自己充分信任,但是潜意识中还是有点认为活干地再好也是给刘三干的心理在作怪,没能想到这也是自己的一份事业。

3. 韩信的偷天换日

刘三和项三就僵持在这里了,今天你推高股价我就卖出点去,明天股价低了,我再买点进来,这么你来我往,两人的持股比例都没有太大的变化,最后差不多弄了一个僵局。韩信一看,这也不是个事啊,光这样下去,最后也就是弄个平局,要想战胜项三还必须得有更好的方法。这时韩信想到了兵法上讲的,"凡战者,以正合,以奇胜。"正兵迎敌,奇兵取胜。

韩信把这一个多月来自己深思熟虑的想法告诉了刘三,"刘总,现在我们和项三这么互相敌对下去,短时间内不会有什么结果,我想用奇兵来战胜他。"

刘三很感兴趣,"快快讲来。"

"刘总,我这么想,项三从齐国股份抽出资金来,亲自来到大本营霸王集团来守护,那么齐国股份他那里的防守就会弱。我想带一部分资金,见机行事,一举把项三的外围公司齐国股份公司收到我们手中,因为项三控股了齐国股份公司,齐国公司就成了项三资金的一个蓄水池,齐国股份公司资金少了,就从霸王集团补充,霸王集团资金少了,就从齐国股份公司补充,这样项三就有了充足的资金来源,我们一时战胜他就不容易,如果我们能把齐国股份公司从项三的手里夺过来,那么就如同斩断了项三的一只手,我们战胜他就是很容易的事了。"

刘三说:"现在我们的资金这么少,再分出一部分资金去控股齐国股份公

第十章 刘项对决

司恐怕力不从心,再说听说你在项三那里一开始不就说让项三巩固基础,不要盲目扩张吗?"

韩信很认真地说:"世易时移,术亦异,先前,项三刚一创业,企业草创时,不固本,则有夭折之险,就犹如一颗小石榴树,本身还没有长大,你就把它的枝条剪下了去大面积种植,这颗小石榴树可能就会死掉,剪掉的枝条可能也不会存活,因为它太弱小了。而现在的情况已经改变了,从和项三的霸王集团的争夺过程中,我们开始低买霸王股份后项三为夺回控制权,又高价回购霸王股份,我们从中已赚取到很大一部分利润,我们已经有一定的底气了。可是现在我们的发展遇到了瓶颈,我们如果想壮大,没有走出去的魄力是壮大不起来的,时代不同了,采取的措施也不一样,2000年后,人们创造了一个词叫做与时俱进说的就是这个意思。"

刘三听了茅塞顿开,可是心里还是有点顾虑,毕竟现在的家底太薄了,而且现在又和项三正在对峙,自己能抽出的资金实在是太少。刘三想了想对韩信说:"韩先生,你的想法是很好的,我听说项三为了争夺齐国股份的控制权,那是花了大力气的,听说花了5亿银子呢,可是我们现在能抽出的银子也就是50万两,那简直不是一个重量级的,你如果拿这点银子去收复齐国股份公司,那就犹如一个刚会走路的婴儿和泰森一块比赛拳击,胜败那是明显的。"

韩信笑了说:"刘总,你这个比喻不太恰当,俗语说,事在人为,世上无难事只怕有心人,50万两对我来说足矣。"韩信凑在刘三的耳边一嘀咕,刘三脸上露出了笑容,对韩信说:"韩先生,我相信你,明天我们到天上人间吃一顿,我为你壮壮行色。"

韩信很快便拿着50万两银子来到证券市场,这时齐国公司的高管也得到报告说,刘三派韩信拿了50万两银子来炒作齐国股份,齐国股份公司的高层

理财巧方法
-草根刘三是怎样炼成的-

听了都笑了说:"不是刘三疯了,就是韩信傻了。"齐国股份高层也没拿这当回事。

也奇了怪了,韩信拿了50万两银子不是全部买齐国股份,而是拿了大部分存到了银行,每天到齐国最大的娱乐城齐天娱乐城玩,这娱乐城吃喝嫖赌一条龙,那真是销金窟。

这一天,韩信又来到了娱乐城KTV,看到了齐国股份的办公室打字员小胡,小胡还是韩信3个月前在娱乐城消费认识的,当时他看到一个小伙子正被人打,"他妈的,你一个齐国公司的臭打字的,敢跟我抢马子,你借我的钱还没还呢,还我钱!"

韩信在旁边听到说齐国公司,赶紧上来拦住,对一个看上去是头的人说:"他欠你多少钱,我来付。""500两"被打倒躺在地上的人说:"300两",这个人上去又踢了一脚,"那利钱呢,我的精神损失费呢?"

韩信拿出500两银子扔到地上,"拿去吧。"那一帮人很快走了,这里韩信把小胡扶起来,原来小胡被这个小混混的马子引诱吸食了海洛因,成瘾了,开始还有钱买,后来没钱买毒品了,就借高利贷买毒品,小胡现在没有钱还高利贷,就发生了被人追打的一幕。

韩信一听,"哥们,钱是小意思,女人也是小意思,我看你比较仁义、义气,交你这朋友了!"这小子哪里仁义义气了,不过什么人都愿意听奉承话,这儿刚被打蒙了,也没有仔细听到韩信说什么话,就听说这人想交朋友。

这小子点了点头,心里想,交朋友就交朋友吧,反正多个朋友多个借钱的道。韩信对他说:"我是报社记者,你们齐国股份公司有什么新闻告诉我,我就给你钱,只要让我第一时间知道就行,无论什么新闻。"小胡一听乐了,"好啊,这有什么,我公司的东西都是我打出来的,这个没问题,说好了,你可得给我钱。"从此齐国股份公司的内部消息源源不断地报道到韩信这里来

第十章 刘项对决

了。

这天韩信又碰到了小胡,很高兴地问小胡说:"又有什么消息吗。"小胡说:"齐国股份又让内部集资,说是筹集资金去支持霸王集团。"

韩信问:"集什么资,怎么集?"

"说是让内部员工买认股权证,现在齐国股份十两,让我们按 0.5 两买认股权证,半年后到期,正股就是我们的齐国股份,行权价格 8.5 两,行权比例为一份权证换一股齐国股份股票,你说这项三这不是玩我们吗,虽然一份权证钱不多,才 0.5 两,可是半年后如果股价跌到 8.5 两,我们的权证不就是废纸吗?半年后谁知道股价是什么样,说先在内部发行,还说给职工谋福利,项三这小子想钱想疯了,全都传说,他拿了钱去和刘三对着干。"

韩信听到这里心里就琢磨开了,如果到时股价涨到 15 两,就是十多倍的利润,韩信漫不经心地问:"你们那里的职工都愿意买吗?""谁愿意买呢?全都说这是废纸。"

韩信说道:"好吧,我是搞新闻的,我对这个事有兴趣,我想全程参与到这件事上去,你私底下告诉不愿买的,他们买了后我从他们手里再买过来,你就跟他们说一个大老板看到人们困难,想帮大家一把。"小胡惊喜若狂,通过小胡韩信掌握了齐国股份的认股权证的 60%。

也怪了,自从韩信买了齐国股份公司的认股权证,齐国股份就开始有利好的消息在市场上传播,齐国公司将成为本年度利润最多的公司,又传出齐国股份今年将实行高配送,又说齐国股份公司投资了新的矿,总之,齐国股份是一路走高,到了行权日,齐国股份涨到了 20 两,韩信通过齐国股份权证赚到了二十多倍的利润,他的 50 万两现在变成了 1000 万两,韩信用半年的时间打了一场漂亮仗。

韩信美,自己总算有点家底了。可是你要以为韩信到此就算完胜,就享福去了，那不是韩信的性格。韩信有一个更大的棋局，那就是控股齐国股份公司。

这一天，韩信又来到齐天娱乐城，正看到小胡一脸倒霉相，韩信问："又怎么了？"

"没钱买药了。"小胡觉得现在和韩信是无话不谈的朋友，所以也没有隐瞒。

韩信说："哥们你不早说。"韩信马上掏出100两银子给小胡，小胡马上换了几片药吃了下去，一会儿，小胡精神焕发地来到韩信面前，韩信问："你小子有什么新闻吗？"

小胡又开始发牢骚："现在我可是真忙，忙着打各种虚假材料。"韩信一听来了兴趣，"什么情况？"小胡说："公司的利润、高分红、开矿都是假的，现在让我们编制假资料，经常加班，有时一加班就是通宵，真不是人干的活，要不这段时间药也吃的多了。"

韩信说："你能弄出公司开矿是假的证据材料吗？"小胡说："这个容易，我那就有一份会议纪要，就是几个老总商量怎么骗人的把戏，怎么把股价弄上去的招数，你搞新闻的，这肯定对你的用处大，反正我也不想在这里干了。"

不久，一个爆炸性的新闻传出来了，齐国股份公司的开矿项目证明是子虚乌有，并且齐国股份的一份高层会议纪要流传开来，里面详细地记载了齐国公司高层如何运作齐国股份股价的，齐国股票股价应声而落，连跌15天，齐国股份公司股价刚刚稳住没几天，市场上又传闻齐国股份利润作假已被调查，股价又开始下跌。

不久齐国股份公司又出了一件大事，这件事彻底成了压垮齐国公司的最后一根稻草，齐国股份的一名机要员在齐国公司被调查期间离奇死亡。

这个人就是小胡，就是因吸毒过量中毒而死，可是外界不这么看，齐国股价降到了每股0.5两,韩信抓住了这次机会,很快便把1000万两投入进去,买入齐国股份,最后韩信控股齐国股份45%的股份,成为名副其实的第一大股东。至此,齐国股份易手,从项三的手中转到了韩信手中。可能你要问了,为什么项三不出手相救?下面我就给你介绍项三根本没有抽出资金和时间来管齐国股份,因为那里有一个刘三正在栓住他。

4. 刘项的最后较量

我们再来说项三。项三在这里和刘三暗中较劲,他觉得自己在股市上的炒作技术是炉火纯青,可是现在的问题是万事俱备只欠东风。那就是钱,再上哪去弄点钱呢?项三想到了权证,想到自己控股的齐国股份公司,弄点权证,让齐国股份公司内部员工买点,也算给人们弄点福利,自己也能筹点银子。

他的想法很好,可是员工有的不懂,不认账,谁知道以后齐国股份股价怎样,可是项三又不敢明说我保证以后你们一定赚大钱,结果却让韩信从中偷天换日,这是后话,甭管怎么说,项三从齐国股份公司到是筹集了点银子,可是杯水车薪,把它全部投入到股市,没听到什么响声,这些银子就不见了。

项三很郁闷,如果这么耗下去,一生的事业难道就到此为止了吗?不行,我要打败刘三!他把范增找来,咱们想办法。

范增认真地对比了他们所持有的筹码,很明显比刘三持有的多,范增说:"现在我们只有想法抬高股价,吸引大批散户投资,使刘三望而却步,那么刘三就有可能知难而退,他就不会跟我们争夺控制权了。等到股价上来后,我们卖出一部分,砸低股价,股价低了,我们再买回来,通过高卖低头逐步逼出刘三持有的霸王股份,这样我们也不会投入很多钱。"

项三沉思片刻,认真地对范增说:"问题是我们现在没钱,怎么让股价大

理财巧方法
-草根刘三是怎样炼成的-

涨啊。"范增胸有成竹地说:"三啊,这几年你的锐气哪去了,我们一开始是怎么弄到这么大家业的,老办法。"

"老办法还管用吗?都说现在聪明人太多了,傻子都不够用了。"范增笑了笑说:"人在海边站,就有望海心,只要有炒股票的,他就想赚更多的钱,他只要有这个想法,我们的方法就不会失效。"

接下来,霸王股份的利好消息频传,霸王集团要进军房地产。果然,在几天后,霸王股份在长安的土地拍卖会上,以天价购得一块土地,成为名符其实的地王。又有传言霸王集团投资金矿,现探得一块储金量很高的矿藏。霸王集团随后召开记者会说,霸王集团刚获得了一处金矿开采权,今后将会成为公司业务发展的新增长点。霸王股份不涨都不行。

看到越来越高的霸王股份股价,刘三坐不住了。抛,全部抛,项三搞多种经营不是骗局,最后也会把他们拖死的。奇怪的是刘三他们抛完霸王股份,霸王股份并没有跌下来,且看到各路媒体、股评家一致推荐霸王股份,一时间,人们把买到霸王股份视为发财一样。

最大的利好还在后头呢,几个月后,霸王集团公告,因金矿预计盈利丰厚,决定进军生物工程,研制长生不老药。这时的霸王股份已从刘项对峙时的每股5两涨到每股100两了。

社会上掀起了投资霸王股份的热潮,见面人们都不问你吃了吗,而是问你持有多少霸王股份。这发财的话当然也传到了乡下的刘老汉和吕雉耳朵里,这次刘老汉开始倒是没有多大兴趣,可是刘老婆听到李老太私下跟她说:"现在人们都把钱买了霸王股份,听说到时候钱能生钱,用钱时把霸王股份一卖就是钱,我把棺材本都买了霸王股份了,现在赚了1000两呢。"

刘老婆听了这消息后,回去就跟刘老汉说了,刘老汉说:"股市风险莫测,你看我炒了一辈子股,到现在还不是弄成这个样子,就你啥也不懂还炒股。"

第十章
刘项对决

刘老婆不服,"正因为你懂你才混到这样,现在人们全买霸王股份说是赚钱,连专家都说霸王股份能赚钱,难道人们全错了,就你对了?我一辈子没投过资,这回听我的买霸王股份,听说霸王集团研制长生不老药,到时候每个股东给一粒呢,谁不愿长生不死啊。"

刘老婆又来劝吕雉,吕雉说,"我把钱买了保险了,我没多少钱了。"刘老婆说:"你没钱还买什么保险。这回听我的,把全部家当卖了,买霸王股份。"刘老汉和吕雉拧不过刘老婆,结果把全部家当都卖了,去买了霸王股份。

不说刘三他爹妈买霸王股份,再说项三看到股价翻了二十多倍,很高兴,范增这不也来凑热闹,对项三说:"三啊,如按现在的市值估算你就是咱们国家的首富了。"

项三哈哈大笑起来,忽然笑声停住了,他想起一件事,"钱这么多,我要回老家去看看。"范增说:"现在我们公司是关键时期,你不能走,还有很多事等着你去办呢。"

项三说:"富贵了,不回家显示显示,如锦衣夜行,你穿得再好,晚上走路谁能看得到啊?人生不就是为的人前显贵吗?我现在不回家显摆显摆,人们也不知道我项三的能耐啊。就这么定了,你不要多说了。"

项三这里回家探亲不提,再说刘三、张良他们,看到霸王集团股价疯涨,张良悔得肠子都清了,对刘三说:"三哥,你看我们的股票卖早了,要放到现在,得卖多少钱啊!"

刘三说:"不要忘了祸兮福所伏,我看霸王股份现在妖气很重啊,你又怎么能知道我们先前卖霸王股份不是对的呢?我们毕竟有一大笔钱现在落袋为安了,我现在需要知道霸王股份涨这么多的真实原因是什么。"

张良说:"表面上我们看到的是霸王集团的业务是遍地开花,并且宣传的是个个都赚钱,但是我们并不知道这些是否是真实的情况。"

173

刘三说："是啊，如果我们按正常推理项三能腾出的银子也就 5 亿两，他投资地产就花费了 4.9 亿两，他那金矿是用手挖的。金矿一个月就能赢利，他上坟烧报纸糊弄鬼了吧。长生不老药那更是扯淡，秦始皇派的童男童女到海外找神仙要长生不老药都 100 年了也没见回来，要能造药秦始皇早就造了，还用得着去管神仙要啊？所以说，现在我们要搞清楚项三背后的真实情况。"张良沉思了一会儿很坚定地说："不入虎穴不得虎子，不清楚情况就投资那是盲人打保龄球瞎投。"

半月后，张良调查回来了，原来只有一个投资的地王是真的，虽然买了块地，但是一直闲在那里并没有开发房产；造长生不老药是企业宣传部门正在编造。

刘三和张良仔细地研究了调查报告，得出了一个很重要的结论，那就是霸王集团放出的这些利好，其实是为了抬高股价，从而通过高抛低吸，在花费不了多少钱的情况下，夺回霸王集团的控制权。把他的目的分析清楚了，那么我们再分析他面临的死穴，那便是集中曝光他这些造假行为。刘三和张良他们定下了集中曝光、一举歼灭的政策。

这时他们又探听到项三正回去探亲，张良认为此时是暴露霸王集团的好时候，就犹如掏老虎巢必等老虎离巢才好掏，天时地利人和，张良觉得现在是占全了，此时不打击霸王集团更待何时。

几乎是在同一天，电视、报纸、网络大面积报道霸王集团造假情况，霸王股价应声而落。范增一看媒体上都是霸王集团的负面信息，心里很恐慌，忙派人去项三老家通知项三赶紧回来研究对策。可是市场不等人，等到派去的人把项三追回来，已是 5 天以后的事了，在这 5 天里，霸王集团的股价已从每股 10 两跌到每股 0.2 两，散户是纷纷割肉，刘三是有卖就买，全仓收购霸王股份。

第十章
刘项对决

再说项三回来赶紧召开新闻发布会,他说,现在有一部分人在大肆造谣,希望广大股民不信谣,不传谣,拍得的地在那放着呢,不会没;开采金矿的项目正在办理开采手续,长生不老药已在理论上找到根据。

随后又有媒体披露,地放在那里,可是没钱开采,金矿只是在纸上开,还没有实质进行。权威专家也出来证实长生不老药在实质上根本就不会存在,一个很好的逻辑分析就可以了,根本用不到什么专业知识,假如研究成功了长生不老药,那我们的人口就会多,人口多就会吃粮食,而我们打的粮食是一定的,最后因为人多粮食少,饿也会把人饿死,更遑论长生不老了。随后监督机构进入霸王股份进行调查。

外面乱哄哄的不提,再说项三一脸倒霉相地坐在范增面前,"亚父,现在问题是我已在家乡夸下海口,要给家乡做贡献,准备给家乡投资两亿两,可是现在我们这样,本来我想我们抛出一部分股票,然后套出现金来投资家乡,可是你看现在我们的股价这么低,就是把我们的股票都卖了也筹不到两亿两啊。"

范增思考了一下说:"依现在的情况看,他们又来检查我们的公司,这明摆着是要置我们于死地,为今之计,我看还是以退为进,把我们手中的霸王股份全部卖掉,筹的钱我们再到你的家乡重打鼓另开锣,我们再注册一个公司,凭着你的年轻以及以前我们投资的经验,我相信过不了几年,霸王集团一定会重新回到我们手中。"项三沉吟片刻叹了一口气,"唉,也只好如此了。"

不说项三和范增在这里合计霸王集团的事,再说刘三的爹妈和吕雉,卖房子卖地买了霸王股份,正想着要一夜暴富,可是等到他们买了后,股价就一直下跌。一开始下跌舍不得卖,心想,以后还会升呢,一直等到股价下跌到每股 0.2 两,他们还互相安慰,大不了最后还能分粒长生不老药呢。可是等到听到专家说长生不老药是子虚乌有,根本不可能实现的事,他们的精神

理财巧方法
-草根刘三是怎样炼成的-

彻底地垮了。

没了房子怎么办？去找刘三吧，等到刘三听到他们把买霸王股份的前前后后说了一遍，一时哭笑不得，认真地对他们说："对你们老百姓来说，不要轻易去碰自己不了解的东西，股票债券你又知道多少，没听说股票投资，一赚二平七赔吗？你们如果觉得在银行里存款不划算，你们买股票，你们也一定要在低价买大盘蓝筹，虽然可能赚不到多少钱，但终究是不会赔得这么惨的。"

"因为投资股票：（1）你们没有多少时间；（2）你们没有多少专业知识；（3）你们的资金又不多。你们会有很多时间看不准的，何必给他们抬这叔伯轿。当然你们也可以买些基金，挑选一些投资收益比较好的基金公司，因为毕竟基金公司是一些专业人士在搞投资，他们的资金量大，人才也比较多，投资他们你还是可以赚到一些钱的。再一个投资股票时不要在股价这么高时投，爬得高摔得重，我在小孩子时你们就用这话教育我，在股票投资上你们怎么就想不到呢？"

这时张良冲刘三招了招手，刘三会意，对刘老汉他们说："行了，谁让你儿子比我儿子强呢，先在我这里住下吧。"说完，刘三急急火火地来到张良这里。这小子有什么事，这么着急找我？张良激动地对刘三说："三哥，告诉你一个好消息，现在项三他们也在卖股票。我们给他公布出来，我们现在全部吃进，这是一个极好的机会。"刘三说："你办事，我放心，就按你说的办。"很快霸王股份易手，成为刘三的了。

项三只筹得500万两银子灰溜溜地走了，走到半路，听到刘三把霸王股份改成了大汉集团，心中郁闷，就跟他的小老婆虞姬说："你看，我们那时的霸王集团是多么的风光啊，现在你看我们又是多么的落魄啊，只剩下这么点钱了。"

第十章
刘项对决

虞姬说:"有这些钱也够我们下半生吃饭的了。"项三说:"不行,大丈夫在世,生当富贵,贫穷岂大丈夫所为?"虞姬一听心里想,你这是还想打这500万两的主意啊。虞姬说:"我也不管你大丈夫富贵不富贵,反正这500万两银子是不能让你动一分的。"项三听了很气愤,"不拿这500万两做本,我们又怎能翻身,怎能再富贵?你们女人头发长见识短。"

虞姬也不示弱:"你投资投资,最后不也是叫人家刘三把你赶出来了吗?反正只要我活着,就不会让你动这500万两的。"两人越说越多,最后项三没词了,撂下一句话,"好,你认钱不认人,你今后就守着你那500万两银子过去吧。"

说着气得这就要拔剑自刎,虞姬一看闹大了,上前一挡,可谁知项三一失手,剑锋划到虞姬的颈项,可怜"揉碎桃花红满地,玉山倾倒再难扶",芳灵惠性,渺渺冥冥,不知哪里去了。项三一看虞姬倒地,不禁悲从中来,玉人已随黄鹤去,我活的还有什么劲啊,说完也自刎身亡。

可怜项三一代富豪,落得如此下场,各位看官,你们不要以为刘三夺得霸王集团,把霸王集团变成了大汉集团,他就会得到幸福的生活了吧。非也,刘三一家的战争才刚刚开始。

吕雉的眼光
——保险不能少

第十一章　　吕雉的眼光—保险不能少

1.　吕雉烦恼的解决办法

上回书说到，刘老婆让吕雉买股票，吕雉说钱都买保险了，当时吕雉说的是气话，怎么会把钱都买成保险呢？要说吕雉怎么会想到买保险，这还要从吕雉的烦恼说起。

吕雉嫁到刘家一年后就给刘三生了个大胖小子，一家子高兴，刘三决定为了儿子出外捞世界，"你负责在家貌美如花，我负责在外挣钱给你花。"刘三撂下这一句话就出外闯荡去了。

这样家里就剩下了吕雉、孩子以及刘老汉老两口艰难度日，每天日出而作日落而息，表面上看一家人和和美美，风平浪静，可是到了晚上，吕雉就翻来覆去的睡不着觉，心里总觉得不踏实，毕竟时间不会停留，滴答滴答地，时间就在身边溜走了，可留下的是岁月的沧桑和无尽的烦恼。

吕雉每天睡不着的时候就想，自己现在结婚生子了，而父亲母亲也在逐渐变老，孩子也小，自己肩上的担子重了，刘三又在外面闯荡，过着有今天没明天的日子，万一要有个突发事件怎么办？

这样的事整天折磨着吕雉，一天无意间她看到了一张保险宣传单，在宣传单上讲，今天你付出一点点改变不了生活，可是买了保险，明天的生活就会被改变，保险是雪中送炭。现在雪中送炭的少了，锦上添花的多了。吕雉觉得保险是解决自己烦恼的好办法，可是和刘老汉和刘老婆一说，两人都坚决地说，保险是骗钱的，不要听保险忽悠。可是吕雉认准的事九头牛也拉不回来的，吕雉还是坚决要入保险。

接下来发生的一件事更加坚定了吕雉买保险的决心，那就是萧何得了大病，全村人都认为这次萧何是死定了。因为萧何得了富贵病，每天只能在病床上躺着，每天的花费一万多，亲戚们的钱都借遍了，也没凑多少钱，毕竟穷人还是穷亲戚多。

可是想不到的是萧何这人有远见，提前把烟戒了，每个月把省下的几块烟钱买了保险，那时刘三还说萧何，你把那烟钱都白送给保险公司了，让保险公司享口福了。想不到的是保险公司得知萧何病了，送来钱帮萧何治病。事后，人们都说萧何这条命是保险公司给的。吕雉想，看来我也得好好研究研究保险。

这吕雉也是风风火火的性格，觉得现在不能再等了，买保险要趁早。买保险就是要把可能出现的风险提前予以预防，吕雉想到自己所面临的风险，有意外伤害、疾病、财产损失等这些风险，如果这些摊上一件，对刘三一家都是致命的，所以说，这些风险必须提前考虑，只有提前考虑好了这些风险，才能使自己遇到这些风险不至于慌乱和无助，也不至于使孩子的生活无依靠。想到这些，更坚定了吕雉买保险的决心。

定下了买保险，但是花多少钱买保险呢？毕竟如果买的保险过多，保费支出过大，将会使自己的生活现在就陷入困境，那当然是不划算的，所以说买保险自己也要量力而行。

虽然现在年年丰收，但是自己也只属于中低收入阶层，每年纯收入也就6000银子，保费在五六百两银子还是可以的，占家庭年收入的10%以内自己觉得还是可以承受的。不像人家萧何是公务员，人家一年能稳收入一万银子，听说人家每年都拿出2000两银子买保险，当然咱也不眼红人家买的保险多，只要自己买的保险能给自己建立完善的保障，又没有太大的缴费压力就可以了。

第十一章
吕雉的眼光——保险不能少

支出的钱不多，但是我要好钢用在刀刃上，把这些有限的钱用在买最合理的保险上，我要掌握好原则，那就是按风险的大小、轻重缓急来安排保险。

自己家庭面临的最大风险便是意外伤害，尤其是刘三常年在外挣钱养家，万一他有个三长两短，赡养父母、抚养孩子那可怎么办？这是面临的最大的风险。

再一个就是疾病风险，现在食品不安全，用品也不太安全，空气也不太安全，患疾病的几率就会很大，可是如果患了大病，它带来的巨额费用支出就有可能使家庭陷入严重的财务危机。到时候没钱治病，钱没有命也没了。

还有一个就是自己和刘三现在年轻能挣钱，现在没有什么，可是等到老了，挣不来钱了怎么办？总不能光管子女要吧。现在孩子小，将来孩子上学也是一笔不小的投入。吕雉想到这里觉得自己购买人身保险的次序应该是：意外伤害保险、健康保险、养老保险和具有投资功能的寿险产品以用于子女的未来教育保险，有这些寿险也差不多够了。

财险呢？一个是房子，另一个就是刘三买的那只汗血宝马了。房子虽然轻易不出险，但是一旦出险，就可能使自己陷入严重的困难。那只宝马也得入点保险，万一它发了疯，碰到人可不是玩的，就是碰到花花草草也不好，好在现在有这方面的保险了。

吕雉又一想保财险好计算自己需要保多少钱，计算下现在自己需要保的财产总值大体就可以计算出来了。可是对于寿险需求估算，怎么算呢？吕雉想了想，我还是按每月的保费支出以月收入的十分之一为上限，保额以年收入的十倍作为上限，综合考虑这两个要素，差不多就能估算出一个适宜的寿险需求了。

吕雉想到这个估算只是粗略估算，不知是不是符合实际。她于是向入过保险的萧何咨询。很快，萧何发给了吕雉一张详细计算寿险需求的方法。

在这张计算寿险需求的纸上，萧何详细地写了生命价值法。所谓生命价值法，就是通过生命损失的经济估算来计算对保险额的需求，说直白一点就是计算作为家庭主要经济来源的成员在未来收入扣除本人必要生活费用后的现金化价值，是一个人预期净收入的现值，共分四个步骤计算：

（1）确定个人工作或服务的年限。

（2）估计未来工作期间的收入或服务价值。

（3）估计未来每期个人生活费用。

（4）选择适当的贴现率计算出净收入，即寿险需求。

随后结合刘三的情况，吕雉为刘三计算出保险需求，并详细列出了计算方法，什么现值之类的，看得吕雉头有点大。吕雉心里说，我还是自己按双10%估算吧，我先估算一下将来需要多少钱吧，赡养父母、抚养孩子、偿还贷款基金、应急基金、教育基金、子女独立前所需的费用，吕雉大体算了一下未来这些刚需得需要多少钱，现在要投多少保险自己心里大体有个数了。不过她还是想去找专业的理财师给算算。

这吕雉想到做到，把自己关在黑屋里数钱准备买保险。正在这时，只听到屋外咚咚咚的敲门声，吕雉赶紧用被子盖住钱。可是这时人已进屋来，吕雉一看这人，只吓得呆呆发愣。

2. 吕雉妹妹取得的保险经

进来的不是别人，正是吕雉的妹妹吕媭，吕雉以为妹妹又是来借钱的，吕媭因饭快饭量大，经常到姐姐这里来借钱，谁知这次不是来借钱的，而是来和姐姐说知心话的。

吕媭也面临着和吕雉同样的烦恼，不过吕媭的烦恼要比吕雉大。因为吕媭家里人口多，小叔子刚参加工作，自己家庭刚刚建立，大哥家庭条件不错，

第十一章
吕雉的眼光——保险不能少

可是马上面临着退休的问题,二哥孩子小,这一大家子万一有什么事,那可怎么办?

女人到一块,不是抱怨婆婆就是抱怨老公,不是说家庭难就是说谁家又怎么这么了,吕婴也不能脱俗。这次吕雉听吕婴抱怨完,胸有成竹地对她说:"你不用再焦虑了,我找到了解决这焦虑的方法了,那就是买保险。"

接着吕雉详细地给吕婴讲起来买保险的意义,以及为什么要买保险,只有保险才能解除你的焦虑,听得吕婴是频频点头。最后吕婴认真地对吕雉说:"你看像我们这样一个大的家庭该怎么安排保险呢?"

吕雉说:"好吧,咱们下面就一个一个分析。先说你自己吧,我认为像你这样现在算是刚刚建立家庭,这阶段你面临的主要风险是意外伤害和驾鹤修仙风险,所以你买的保险产品应以意外险和定期寿险为主。因为你得赡养老人,偿还房贷,以及日常开销,万一有什么意外,家人可能就会流离失所,孩子的生活教育费用也没人管了。"

吕婴向前凑了凑问道:"这样算,每年保险的开支不会小吧?"吕雉认真地说道:"妹妹,我们所需要的保额一般会随着时间的流逝而降低,因为你的家庭抵抗风险能力会逐渐得到加强,所以你每年可以根据情况调低保额。针对你住房贷款额度大的情况,万一饭快在外面有个闪失,剩余的大额房贷你拿什么还?那可能就会面临着被卖房的风险,现在有的保险公司推出了专门针对房贷的递减变额保险,你可以考虑。"

吕婴说:"那我们要投保多少呢?"吕雉说:"你这意外险的保额应在所需寿险保额的基础上加上本人基本生活费支出折现。当然现在你们两口子体格都很健壮,就暂时不必买健康险了。你想要孩子,你们可以考虑买母婴保险。"

吕婴又问道:"我那小叔子呢,成天打打杀杀的。"吕雉说:"你小叔子,

理财巧方法
-草根刘三是怎样炼成的-

刚参加工作,他面临的最大风险仍是意外伤害和修仙风险,因为年轻喜爱剧烈的运动,一旦成仙就不能赡养老人,万一身体出了残疾,自己的生活就没了保障,所以对你小叔子来说,最好去买保额大、花费低的意外伤害保险和定期寿险。当然现在保险公司有组合保险,那就是定期寿险附加意外伤害保险。每年也就几百元的支出,也不会对你小叔子的日常消费和储蓄产生较大影响。"

吕嫛说:"我回去跟我小叔子说说,他肯定会买的。我小叔子年轻可以买这样的保险,你说我大伯子哥,年龄大了,要快退休了,他还需要买保险吗?"

吕雉肯定的说:"像他这种情况,是典型的家庭成熟期,他面临的问题是年龄增大带来的疾病风险,还有退休后的养老问题。像他这种情况,就非常适合投保医疗保险和养老保险。"

"我大伯哥现在挣得不少,他的医疗保险也能报点,像他这样的需要什么保险呢?""他可以考虑投保重大疾病保险,这样一旦他生病住院有保险,也不会改变他现在的幸福生活。""他要买了这些保险,他也不会担心拖累小儿子了,我大伯子哥这人特疼小儿子。"

吕雉笑着说:"他要真心疼小儿子,他可以投保一个终身寿险,保额完全根据自己的意愿和经济状况确定,比较灵活,到时候他们驾鹤西去,还会给他小儿子留一笔保险金呢。"

吕嫛听到这里笑了,"你说旅游,我二哥两口子计划带孩子今年出去旅游呢。"

吕雉笑着说:"他更需要买保险了,重大疾病保险这是一定要买的,这个我不必多说了,而且像他这种情况,因年纪轻购买保险保费相对还较低呢,他的收入又稳定,可以选择较长缴费期,这样一方面降低每期保费支出,另一方面可以利用出险保费豁免条款。一旦符合豁免条款,即可提前终止缴费,

第十一章
吕雉的眼光—保险不能少

有 20 到 30 万保费就差不多了。当然这时候他的孩子小，可以给孩子投保学生幼儿平安险和健康险。"

"是的，我小侄子今年才 5 岁，很调皮。"吕雉对他说："孩子调皮遭受意外事故的风险就大，可以考虑全额去投保，一般 6 岁前重点投保医疗保险，6 岁以后重点投保意外伤害保险。""这点保费不算什么，我二哥他两口子每年都挣不少。"

"他要钱多,还可以买教育保险,为将来子女接受更好的教育提供保障,保额可以根据教育目标和经济条件确定，最好选择分期缴费，大部分教育保险有保费豁免条款，如投保人修仙或丧失生活自理能力，可以享受保额豁免，当然他也可以投资投连险，享受保险公司专业投资优势。要还有钱，可以在年轻时买点养老保险，以弥补社会保险退休金余额的不足。"

吕媭听了惊奇地问："还有养老保险，是不是像这样先投保，等到退休了，月月领工资啊。""你这个比方很恰当。"吕媭说："怪不得我家老爷子退休前把自己在银行存款的一半买了养老保险，说不给我们添负担，看来老爷子有远见。"吕雉得意地说："听我讲你就长知识吧。"

吕媭说："你刚说了这么多寿险方面的知识,我们家的房子和新买的宝马，你还没说怎么办呢。"

吕雉有点不耐烦地说："家庭财产保险就是保家庭财产,这里的保险品种各保险公司都不少，在这里我只给你提个醒，因家庭财产保险费率不高，在评估家庭财产的市场价值后要足额投保，以免出险不能得到足额赔偿，当然也没必要超额投保，因为保险公司理赔以不超过客户实际损失额为限。"

"你也可以投一些非寿险投资型保险产品,这类产品往往具有定期存款和债券性质，这样既能获得一定固定投资收益，也可使房屋和家庭财产获得一份保障。当然现在你家的汗血宝马也是家里的一项重要财产，况且汗血宝马面临的风险也比较多,就是踏到花花草草也了不得啊,建议你在国家强制必交的交强险外,再附加马匹损失险与第三者责任险、丢失险。"

吕婯露出感激的眼神对吕雉说:"谢谢你教了我这么多,我回家后一定好好研究研究。"吕雉说:"最后再忠告你一句,你最好选择大的、网点比较齐全的保险公司投保,因为这样的公司有实力,出险后更容易得到快速理赔。"

第十二章 戚姬的教育规划

第十二章　戚姬的教育规划

1. 吕雉想寻后悔药

时间如流水一般从舌尖上轻轻走过，生活的酸甜苦辣都要让你尝个遍。一晃吕雉和刘三结婚 20 周年了，现在刘三是首富了，当然这个纪念要搞，可是那边还有个戚夫人呢，那就是刘三刚得到秦国公司时在九大胡同得到的小美人戚姬，是个如夫人，他的孩子刘如意也 18 岁了。

戚夫人本着生不见面死不同穴的原则，一直和吕雉保持着距离，这些年下来，刘三也理解。可是刘三觉得有这 20 年也该消解了两者的矛盾，决定趁他和吕雉结婚 20 年的这一时机，给她俩说和说和，当然说和说和这只是一个幌子，重要的是把这万贯家财在他死后要交给谁的问题。

吕雉对这万贯家财做出了很大的贡献，可是吕雉光积攒钱财了，对孩子教育投入的精力不足，结果刘盈在学业上一点也没有赢，而且是一直输。

先是输在起跑线上，刘盈根本没上过幼儿园，等到上一年级，人家别人家的孩子都做 100 以内的加减法了，而刘盈还在练习从 1 数到 10 呢。

等到别人的孩子上重点中学，刘盈只上了个普通高中。那时吕雉一直顾地里的农活，暑假刘盈也跟着干农活，而别的孩子音乐班、美术班、外语班都学得不亦乐乎，最后刘盈只上了一个三流的财经学院，刘三对刘盈受教育的程度很不以为然。

而刘如意却是学前班在最好的幼儿园，初中是最好的初中，高中是重点高中，最气人的是刘如意大学还到了海外神仙岛最牛大学读的书，读书回来也真是牛，参与了几次刘三的理财规划，深得刘三满意，连张良都竖起大拇指对他说:"这小海龟就是不一样啊,不愧是最牛大学的海龟。"

这时刘三就有了让刘如意继承这万贯家财的打算,可是中国自古就有立长不立幼的古训,再说吕雉这个大老婆也是个狠角色,如果硬来,虽然也可能会让刘如意继承这大笔的财产,可是谁知道这吕雉会弄出什么事来,还是想个万全之策,让吕雉心服口服比较好。

刘三就想到了公平竞争,想趁自己和吕雉结婚20周年纪念日考考这两个小子,这两个小子谁考得好,就让他继承这大笔的财产。想到这里,刘三就把吕雉召来说:"爱妃,你知道不知道今年是什么年?"吕雉说:"老鬼,今年是羊年,你越过越糊涂了。"

刘三笑了,"错,今年是我们结婚20周年,我打算热烈庆祝一下。"吕雉说:"难得你记得这么清楚,我以为你的心思全在那小狐狸精身上了。"

刘三笑道:"我们两口子创下的这么大家业,怎能让他们白白得到?还是咱们两口子最近,你看咱们现在都老了,我们这么大家业,还是要留给咱们刘盈的。"吕雉笑道:"那是,还是你这个老鬼明白。"刘三又露出一幅担忧的样子很认真地对吕雉说:"可是我怕张良那一伙共同创业的老弟兄们不愿意,说咱刘盈受的教育不好,不会打理财产,咱们得想个什么法子让他们心服口服最好。"

刘三装作沉思了一会:"要不咱们这么着吧,咱们在结婚20周年纪念日上考考这两个小子,看谁得分高,咱就传给他。"吕雉一听,眼睛骨碌碌乱转说:"好,那先说好了,那题咱俩共同出,我也得出。"刘三说:"那是当然,一言为定。"

时光飞逝,刘三和吕雉结婚20周年纪念日很快到了,宾朋满座自不必说,众人恭贺完后,酒过三巡,菜过五味,这时刘三说话了,"今天高兴,我要给你们将来选个好的接班人,大家伙给个见证。"戚姬心里说:"小样,我儿子

第十二章
戚姬的教育规划

海外留学，什么样的题能难倒我儿子，看你们能出什么花样。"

刘如意在旁边听了，心说，好啊，老豆，你给我弄个拖不响，搞突然袭击，不过我是标准的海龟，还怕你们这些土鳖？而这时刘盈也站在旁边胸有成竹心想，昨晚老妈把题目都给我说了，我觉得这也没什么问题，我又是长子，也就是让我老爸给戚姬这个小三一个顺水人情，到时候还不是我老妈说了算。

先不说这几个人心怀鬼胎，再说底下的几个人早叫起好来，有说想得周到的，有说这样比较公平的，有说刘三开了个好头的，有的还说，这纯粹是作秀，总之台下议论纷纷，不一而足。先不说他们在这议论，再说刘三心想，我早挖好了坑，你吕雉就等着跳吧。吕雉也得意地心想，不管你刘三玩什么花活，这大家业也是我们刘盈的，一看这名字，不用比赛我们就赢了嘛。

比赛很快就开始了。

刘三对吕雉说："女士先行，你先出题吧。"吕雉毫不客气，"各位听好了，我这第一题是，如果假设有一天，你俩走在长安街上，快到尽头时，突然路上有一座高耸的围墙，围墙上有一个孔洞，你俩通过孔洞最想看到的是：

A、章子怡和汪峰正在谈情说爱。

B、看到一栋富丽堂皇的宫殿。

C、好大好大的大花园草坪。

D、正严阵以待的特警。"

吕雉笑着对刘盈说："你这当哥的要让着你兄弟，让如意答第一题吧。"刘如意没等刘盈说话，就脱口而出："我选A，这么好的事谁不最想看到啊。"底下人们大笑起来，刘盈回答道："我选D，高墙内这么多的财富，谁又不想财富固若金汤，只有尽职尽责的警察才能保护我们的财富，才不会让我们的财富损失。"这时台下有人鼓起掌来。刘三对张良说："张爱卿，你把参考答案给他们讲讲吧。"

张良清了清嗓子，对着众人说，"二位公子的答案都对，但是因为这涉及到刘总给我们选将来的接班人的问题，关系到我们今后每个人财富的增长问题，所以我从财富的角度解读一下这几个答案蕴含的意思。

"A、这是一个标准的乐观主义者，因而面对投资的诱惑，一定会仔细审核自己的致富目标是否切合实际，是否在自己的能力范围之中，是一个喜欢把财富掌握在自己手中的人。而且致富以后，倾向于利用金钱改善生活，对生活质量有高追求。

"B、这是一个金钱的崇拜者，总在憧憬着奢华的生活。他的挣钱目标是客观的，他总会有办法达到致富的目标。但需注意的是，要为了事业而努力工作，不要只是为了金钱而拼命，那样就失去了挣钱的意义了。

"C、你是一个很现实的人，目标总是很客观、容易实现的。在理财方面，这种性格让你拥有稳扎稳打的优点外，也让你容易前怕狼后怕虎。如果你能够再多一点闯劲和激情的话，那就更完美了。

"D、选这题的人给人的第一个感觉就是怯懦，所以做起来事来都是谨慎恐惧，惟恐出错，适合做与会计有关的工作。这类人可能不会发大财，原因是怕冒险，怕钱多了会有新的麻烦，但是这类人的优势是生活平稳安宁，无论是生活目标还是理财目标都是很现实的那种。"

刘三说："好了，我来出第二题。岁末大扫除，你会先丢掉下列哪一样物品？

A、旧衣服。

B、20年前买的大电视。

C、收音机、剃须刀、小玩具。

D、过期的旧书杂志报纸。

第十二章
戚姬的教育规划

这就是第二道题，如意先来说一说吧。"

这刘如意略一思索，毫不犹豫地说道："我选A。"

如意觉得第一道题没有思考，歪打正着选的答案经过张良这么一解说觉得比刘盈答的好，这道题我觉得应该答到老爷子的心里去了，而要答到老爷子的心里，就看他平常的表现，老爷子经常说，兄弟如手足，妻子如衣服，老爷子又经常换掉旧衣服，看来我得选旧衣服。这时刘盈说话了，"我选C，这些小东西可能是无用的东西，有的可能有用，但是如果用到了，可以花一点钱再买来，也不会费多少事的。"

人们在台下静静地等着张良来解读，张良慢慢地说道："选A说明你赚钱的能力很强，可惜你花钱的能力更强，所以尽管收入很高，你仍然觉得钱不够花！跟你一样收入的人都可以住豪宅了，你却还是常常口袋空空；选B的人理财观念是冲动派的，虽然买起东西来不至于浪费，但是却常常买了一些用不着的装饰品、衣服等等，而你又不擅于另开财源。看来你需要一个擅于管账的人帮助你；选C的人说明你买东西至少会考虑三次以上，但是在朋友面前又装作很海派的样子，所以一般人都觉得你的经济情况满宽裕的，而不知你其实是个开源和节流都并重的理财大师。选D说明对理财颇有概念，从不乱花钱，购买的东西一定是'便宜又实惠'。美中不足的是，这种人只在节流方面努力，很少思考开源的方法。"

刘如意听到这里心里暗中叫苦，怪不得大街上裸体的人没有，看来衣服还是扔不得的，大街上少胳膊少腿的到有一些，看来这兄弟也不牢靠，老爷子想的深啊。

不说刘如意在这里胡思乱想。再说吕雉听到这里高兴了，说："这么说来，还是我们家刘盈是理财大师。下面我来出第三题，看一看三年后你俩会成为什么样的富人。听好题，如果刘肥这个大胖子，正在努力减肥时，你们俩想请他吃大餐，你们会是什么心态呢？

A、逗他开心希望他轻松面对减肥。

B、根本就是故意取笑他看扁他。

C、考验他减肥的意志力够不够坚强。

D、心疼他挨饿减肥太辛苦。

E.只是顺便叫他吃饭没有什么意思。"

刘肥在底下听了，心想，这皇婶不厚道，拿我开心，一会就会叫你慌了神。刘如意心想这次我得好好想想，不然我的希望会变得渺茫，想到这里笑着对吕雉说："母后，让我的好哥哥刘盈来回答吧。"

吕雉说："这才像个好孩子。"刘盈想了想说："当然我是想我的肥哥哥，减肥挨饿太辛苦了。"刘如意说："我的想法是考验我的肥哥哥减肥的意志力够不够坚强，是不是有我一样的不达目的不罢休的意志力。"吕雉笑了，"这俩孩子都答得不错，现在还是让我们的首席大理财师张良来解说一下吧。"

张良正了正衣冠，很庄重地说："说逗他开心希望他轻松面对减肥，说明这个人有努力打拼的个性，这个人有机会在3年后迈入亿万富翁的行列。这类型的人傻人有傻福，觉得努力打拼就好了，而且很容易执着一样事情的时候会非常用心，而且把吃苦当吃补。"

"怀着根本就是故意取笑他看扁他的，这类型的人有太爱享受的个性，3年后可能会沦落到跟亲友借钱度日。这类型的人孩子气十足，认为自己很开心很好，而且心肠很好耳根子很软。说为了考验刘肥减肥的意志力够不够坚强说明他是个潜力无穷的理财高手，3年后可能虽不会大富，却也是个绩优股。这类型的人学习能力很强，开始可以判断分析，因此很有机会成为绩优股。怀着心疼刘肥挨饿减肥太辛苦，说明这类人缺乏打拼的动力，3年后的

第十二章
戚姬的教育规划

他,还是只有这么多的钱。这类型的人比较安于现状,他会品味他的人生,在工作挑选上要合乎他的尊严或他的喜好为主。只是顺便叫他吃饭没有什么意思,这类型的人会默默努力充实专业,3 年后的他会衣食无虞。这类型的人性格比较老实比较单纯,因此会默默的努力把自己份内的事情做好,因此在专业上也会努力充实,虽然不会大富大贵,但是还是会因为专业而赚了很多的钱。"

刘三对着这哥俩说:"你哥俩也就是半斤对八两,我来出最后一道题吧,看你俩能否战胜理财盲点。听好,出国旅行,购物是一项很重要的内容。尤其是小地摊,不但价格极有弹性,还可以挖到不少宝贝,回国后可能价位会翻好几倍。你对下列哪一项宝物最感兴趣?

A、80 年前的老拖拉机。

B、手工织毯。

C、老首饰。

D、书画艺术品。"

刘盈和刘如意两人都陷入了沉思,刘盈想了一会说,"我会买手工织毯,我不愿让我妈妈再熬夜织毯子了,我买回来就是了。"刘如意说:"我会买书画艺术品。都说艺术品能升值,我还是带回来书画吧。"刘三心中有点烦躁,说:"张良,赶紧的,给他们讲讲他们选这些背后缊含的意义。"

张良清清嗓子,大声说:"选 A,说明你对于钱财的运用没有什么观念,挣钱和存钱,你更偏向于挣钱。认为花钱就是要让自己开心的你,自然不会愿意委屈自己。吃好的,住好的,用好的,每一件物品你都觉得花得很值得。所以你可以试着去投资,因为品位很不错,能够选到可以增值的物品,那么你的收藏癖好,就不再只是让你花大钱,还能有一点回收价值;选 B,说明你的情感丰富,耳根子软,对人毫无防备之心。那些推销员一说好,你就会

理财巧方法
-草根刘三是怎样炼成的-

买的，每次出门总是令家人为你提心吊胆，生怕你将家全卖光，还不够支付你信用卡账单。你是感性消费，支出数目有高有低，最好是先编列预算，控制自己的花费，才可能挽救你的赤字。"

"选C，说明你对于每一分钱都很重视，认为财富就是靠这样一点一滴积累起来的。你这保守的管理钱财的做法，是不会有效管理钱财的。如果你有一笔暂时不需动用的存款，就试着去做一些投资，结果会让你满意的；选D，说明你有一点不切实际，为了完成梦想，一点儿都不做现实的考虑。对于理财，你也觉得十分头痛，不知该怎么开始做起，也不愿卷入股票游戏中，终日对着数字屏幕发呆。所以你就这么拖着，虽然知道要留意相关消息，还是很被动。最好能够找个可信赖的人，帮你打点这一切，那是最理想的状况。这就是我的一点分析。当然每人都有不同的解读方法，我这是从理财角度分析的。"

刘三心里骂了张良一句，他妈的，这最后一句不是画蛇添足吗，怎么解读都对，这让我怎么选啊。

刘三看了看吕雉说，咱们到晚上再研究，很快到了晚上，刘三来到吕雉这里，诚恳的对吕雉说："你看，还是如意这几年在国外上学长的知识多啊，你看他今天的表现就是比刘盈回答得有条理，有针对性，让他掌握我们的家财才不会使我们的财产有失啊。"

吕雉说："老鬼，你说错了，还是我们刘盈赢了，你看从生活常识看，我们刘盈回答得多合理啊，如意回答的都是天真的梦想，还是我们刘盈答得实在。你看张良最后不也说了吗，答案有不同的解读啊。"

刘三有点挠头，"好了，好男不跟女斗，这回就算他弄个平局，我还有最后一道题，这回我不让张良解读了，答案只在我心里，我要让他俩输得心服口服。""老鬼，把题目说出来吧。"刘三说："好吧，一人给6个鸡蛋，一个

第十二章
戚姬的教育规划

月后拿结果出来，我也把这题目告诉戚姬，以显示公平。"说完刘三就走了。

吕雉陷入了沉思，心想，我必须要弄清楚刘三出这道题的意思是什么，我只有找到打开刘三这把锁的钥匙才能真正把刘三拿下，你戚姬仗着年轻就能把刘三常常推倒？我知道这老鬼心里有主意，你光凭姿色是把老鬼推不倒的！可是到哪弄这把钥匙去呢？看来还得去找张良。

吕雉风风火火地去找张良，张良一句话，这是你们家事，我不能参与，这吕雉听到这里哪干啊，"这怎么会是我的家事呢？等到俺家刘盈将来掌握了俺家的财富，还想和你共享财富呢。"

张良还是不为所动，这时吕雉眼珠一转，计上心来，说："良哥，我们家有祖传下来的一本《吕祖导气术》，你看一看是不是珍本？"张良一听窃喜，我正想练习神仙的技术，就有人来送书的了。张良问："在哪啊？"吕雉说："随我来。"便引领张良登上一小楼，张良说："那书在哪啊？"这时吕雉跪下了，张良吓了一跳，"你这是干什么，孤男寡女共处一室，你这是想干什么。"

说着就想下楼，可是楼梯已撤去，吕雉说："现在楼上就你我二人，你把刘三出的鸡蛋题的答案告诉我，答案出先生之口，入我之耳，我家刘盈掌权后，与你共富贵，否则我就让俺家老鬼杀了你，说你调戏俺。"张良一看没法了，就让吕雉附耳过来，把这鸡蛋题的答案告诉了吕雉，吕雉听后大喜，心想，老鬼的心思还真深。

最后张良又说了一句："为了使你的儿子能顺利得到家族财产，我还有一个万全之策，那就是暗中调查刘三给了戚姬多少钱，使其能让刘如意接受这么好的教育。我记得当时刘三对你俩说，每月给你们的钱一样，为什么你就没有这些钱让刘盈上学，而她有这么多钱让刘如意上学，如果调查清楚了，刘三多给戚姬钱了，到时候我们公之于众，让大家都知道刘三偏向戚姬，这样他就输了理，使其无地自容，我在旁边再给添点话，使其为了表示他的公正，他就会乖乖地把这偌大的财产让刘盈掌握。"

半个多月过去了，刘盈也准备得差不多了，樊哙把从戚姬那里得到的情况，也给吕雉拿来了，吕雉一看，刘三并没有多给戚姬多少钱，吕雉看到戚姬给刘如意做的教育规划，肠子都悔青了，我怎么当时就没有给刘盈做这么一份教育规划呢？时光不等人，现在再做这样一份教育规划也是晚了。

2. 刘如意的教育规划

吕雉拿到戚姬给刘如意定的这个教育规划后，心想，当时刘三每月给我俩的钱是一样的，可是你看我却没有合理的去运用，只是凭自己的心血来潮炒股票、买基金、买保险，没有为刘盈规划一个好的教育规划方案，错过了大好时机。看到戚姬这份给刘如意的教育规划方案，吕雉不禁从心里佩服起了戚姬的教育规划。吕雉看完后，让手下人把戚姬的这份教育规划方案存档，好让后来的人们有所借鉴。

下面我们就实录戚姬的这份给刘如意的教育规划书，也让我们来看看这份让吕雉悔得肠子都青了的规划书是什么样子。

一、刘如意教育规划的迫切性

（1）时间和费用的刚性。如意到18岁必须上大学，没有选择余地。每年的学费相对固定，且必须支付，这也是刚性的。

（2）总体教育金不好预测。因为刘如意的资质水平不好估计，是否需请家教，是否进特长班训练，这些都不好预计。

（3）如意的教育金和我的养老金都得筹划，否则养老规划不好，到时候也是让孩子为难。

二、为使教育规划顺利实现，做以下投资考虑

(1) 教育保险

教育保险必须保。因为教育保险保障程度高，如果提前修仙或丧失缴纳保费的能力，保险公司将会免去剩余的保费，而如意却可以领取与正常缴费一样多的保险金。有的教育保险一般也可以分红，分红也可在很大程度上规避通货膨胀带来的风险。

(2) 证券投资

要保证目标投资报酬率高于学费成长率。选定期定额购买基金的方式将储蓄转化为投资。定期定额购买基金比较适合，因其投资起点低、收益相对高、能积少成多平摊投资成本，降低整体风险，自己投资也比较灵活。

(3) 国家助学贷款和商业助学贷款（最后考虑）

三、刘如意的教育投资估算

(1) 刘如意现状及教育计划

刘如意现年6岁，将在18岁上大学，大学从私立大学和公立大学中选择。大学本科毕业后，在国内重点大学研究生院和国外一般大学进行选择。

(2) 戚姬财产现状及未来打算。

5万元基金，投资收益率约10%，每年支付红利一次，并且滚存到下期。每月存入一笔固定投资用于教育投资，投资收益率约为10%，每年大学教育费用的预计增长率约为5%（包括通货膨胀率和大学学费的实际增长率），且保持不变。4年大学私立大学需费用6万元、公立大学需费用4万元、上研究生国内3年、硕士研究生费用需3万元左右，国外3年留学费用需15万元左右。研究生剩余费用从上大学时开始筹集，计划本科以后让如意国外自费留学。

根据以上情况，咨询理财师概算大约每月需存1000元。

定投基金选波动不大的指数基金，在资本市场低点买入，高点卖出。用专业术语叫从熊市起定投，到牛市时卖出，年收益率在6%～13%间，超13%卖出。

吕雉详细地研究了戚姬这一篇理财规划，虽然觉得有些专业的知识还不太懂，但是他看到现在每月拿出1000元左右就可以给孩子准备好出国留学的教育基金，心里也是后悔得不行，心想，我要把这个教育理财规划书传下去，不能让下一代输在教育金上。

樊哙看到吕雉沉思，对吕雉说："教育金哪用他这么麻烦，你就能保持每年10%的收益率，你又能保证通货膨胀率不会变，其实你大体估算一下就可以，因为不确定因素过多，俗语说，计划赶不上变化。你想现在小学到中学有5万差不多，大学每年2万，四年8万，出国留学三年按每年10万，总共43万，43万/16/12=0.22万，每月2000多元钱给孩子存上就可以了。"

吕雉说，"哎呦，你这么粗略一算比人家多1000元呢，投资收益可不能小看啊。"樊哙说："我看啊，对孩子的教育投资，要把握住一点，那就是不能半途而废。"

放下吕雉这里不说，再说戚姬听说吕雉请张良问计去了，心想，你有张良计，我有上网机，看你能比得上我儿子从海外带回来的上网机吗？当即刘如意上网一查，鸡蛋的11种做法，刘如意心想，亏得有这上网机，不查不知道，一查吓一跳，鸡蛋有11种做法啊，刘如意心想，我不能把这11种做法都做了，让刘盈也做几种，不过我要挑最好的，我最拿手的，最有特色的，也能显示我在海外留学没有白学。

戚姬和刘如意精心选了两种鸡蛋的做法，为了让广大掌握理财大权的家庭主妇看一看，我们实录下这娘儿俩选的鸡蛋的两种做法。

虾仁鸡蛋羹

材料：鲜虾、香葱、鸡蛋、盐、温水、鸡粉、香油。

做法：

1. 把虾洗干净，只取用虾仁。

2. 鸡蛋磕入碗中，把鸡蛋打散，加入少量的盐和鸡粉调味。

3. 准备一杯温水（30度左右），把温水加入到蛋液中，水和鸡蛋的比例约为2比1。然后朝一个方向搅拌均匀，把上面的泡沫也清理干净。

4. 文火慢慢蒸至成型即可。

法式焦糖炖蛋

材料：鲜奶油125g 牛奶125g 蛋黄两个

做法：

1. 蛋黄放入奶油中拌匀

2. 牛奶中加入30克砂糖，放入小锅中煮至砂糖溶化

3. 把奶油拌入煮好的牛奶中，再加热一会。

4. 烤盆加热水，放入烤箱，烤箱预热至200度后，放到模具中的牛奶溶烤40分钟左右，取出来，表面上洒上白糖。

5. 烤箱预热到最高温度，将蛋液重新放回去，烤到表面变焦。

这里刘如意精心地做好了鸡蛋，那边刘盈也没闲着，正按着张良的教导一步步做呢，眼看马上一个月就过去了，他们的考试结果会怎样呢，下回分解。

戚姬的税务规划

第十三章　戚姬的税务规划

第十三章　戚姬的税务规划

1. 戚姬的难题

刘三定的一个月后看比赛结果，时间如绵绵春雨般在滴答滴答的声音中就过去了，人们也都盼望着这一天早点到来，都想看这刘三葫芦里到底卖的什么药。

时间到了，这天刘三先当着大家伙的面宣布："今天，这哥俩的比赛结果就出来了，说句俗语这叫揭锅的时间到了，你们二位到底是生的，熟的，还是糊了，人们一看便知，如果熟了，说明接下我这偌大家业是没有什么问题的，如果是生的，说明你们在理财这方面还欠点火候，还需要修炼。好吧，现在把你们的结果一块拿出来，放在面前让大家伙一块来判断判断。"

只见刘盈不慌不忙地拿出一只小盒子，上面6只小鸡叽叽喳喳的叫个不停，人群中发出了惊呼声，刘盈这小子有意思，一个月的时间把6只鸡蛋变成了6只小鸡。

吕雉说："如意，现在也该看你的结果了。"

这时，如意也在食盒中拿出两盘鸡蛋，一盘是虾仁鸡蛋羹，一盘是法式焦糖炖蛋。两盘鸡蛋那是色香味俱全，早已引得樊哙哈喇子都流下来了，人们都恨不得赶紧走上前去品尝一口。

刘三看着刘如意无奈地笑了笑。"好了，大家伙先来尝尝我儿子做的这鸡蛋。不能多吃，一人一口。"樊哙也不客气，第一个跑上前去，先吃了一口又吃了一口。刘三大声嚷道："樊哙，你别多吃，一人一口，你不能多吃多占。"

很快，两盘鸡蛋被一扫而光，人们纷纷夸奖刘如意，这个说："这是我平生吃过的最好的鸡蛋。"那个说："我回家也让我婆娘学着做。"刘如意露出了满足的微笑。

再看刘盈，气定神闲好像什么也没发生过一样。这时刘三开口讲话了，"我说各位，现在你们吃也吃了，看也看了，你们看看我这两个儿子哪一个答案比较好呢？当然，你们可不能吃了人家嘴短，你们要公平、公正地说话。"

这时樊哙说："要说比赛厨艺，当然是如意胜了，我平生没吃过这么好的炒鸡蛋，所以说，如意胜了。"刘三说："你别打岔，我难道给他们鸡蛋就是为了考察谁做的鸡蛋好吃吗？难道他做的鸡蛋比我的一级厨师做的还好吃吗？"

这时张良说话了，"我看他俩的答案都很好，都各有亮点，你看如意的鸡蛋炒得这么好，而刘盈孵出的这几只小鸡也是很可爱的嘛，呵呵。。。"刘三心里骂了一句老滑头。刘三大声问："你们还有什么人发表意见吗？大家各抒己见。"这时大家异口同声地说："请刘总定夺，我们无不听命。"

刘三清了清嗓子，对大家说："大家都听好了，我给他俩的鸡蛋主要是从理财的角度考核他们，我这么大的家业，总得选个有理财头脑的人来继承，使我的财富逐渐增多，我也给大家选个好的理财高手。用官话说，叫带领大伙一块致富；用俗话说，我选个好的继承人，我能多吃上点肉，大家伙不也就能多喝几碗汤不是？"底下哄的一声，大家都笑了。

刘三接着说："我给出的题目，这鸡蛋就好比是我们现在的财富，给了他俩同样的财富，结果怎么样了呢？大家也看到了，如意把它做成了美味的鸡蛋羹，大家都吃了，很好吃。刘盈呢，是把鸡蛋孵出了小鸡。他们两人的答案孰优孰劣那是一目了然。刘盈孵出了小鸡，这也预示着我的财产在刘盈手里将会增值，将会有大的发展，蛋生鸡，鸡生蛋，生生不尽，预示着我的财富将会永远发达下去。而如意呢，说白了，就是他的手艺不错，如果去开个

第十三章
戚姬的税务规划

饭店那是绰绰有余，可是我要的不是开饭店的厨子，我要的是把我财产发扬光大的理财大师。如意的答案当然不能完全说预示着他会把我的财产吃光喝光，但是他的答案却预示着他并不能理解管理财富的内涵。我现在宣布，选择刘盈作为我的财富接班人。"底下的人们鼓起掌来。

吕雉那是从心里乐开了花，心想，吃了我的给我吐出来，我的就是我的，你的也会成为我的。刘盈也心想：这张大理财师的眼光就是独特，开始拿着鸡蛋我也想吃了它。幸亏老妈听从了张良的话，从卖鸡苗的小贩手里买了几只小鸡，来搪塞老爸，谁知老爸就让张良给看穿了，这不把老爹的心思给说着了吗，果真他想的就是这样啊。

张良看着他娘儿俩脸上露出了意味深长的笑容。再看刘如意面如死灰，上网机误我，什么高科技，现代社会比拼的还是脑子，网上只是个资料大杂烩，让我吃的这个大哑巴亏，以后我还是要多用脑子想想，以后再也不弄这上网机了！

那戚姬更是脸上变了颜色，心里说，阴谋，阴谋，这刘三和吕雉合起伙来算计我娘儿俩，我要报复。不过转念一想，怎么报复？我要用我的智慧，不能使如意在这偌大家产中吃大亏，毕竟他俩是亲弟兄，不能让刘三这么偏向。

想到这里，戚姬笑吟吟地对吕雉说："恭喜姐姐，教育了这么好的儿子，妹妹要向你学习。"吕雉揶揄道："还是妹妹有心计啊，把如意培养到国外留学，姐姐老土啦。"戚姬回敬道："这还不是托了姐姐的福啊。"刘三看到这姐儿俩斗嘴，对她俩说："你俩都给我养了一个好儿子，我今晚大请客，多弄点硬菜，他们俩哪一个也吃不了亏，他们都是我刘三的儿子，哪一个都是我的心头肉。"

到了晚上，刘三为安慰戚姬，翻了戚姬的牌子，这时戚姬的冤屈上来了，

209

冲着刘三就哭起来了,刘三好言安慰,"放心,我的小宝贝,我不会让如意为难的。"戚姬说:"你说得好听,今天你怎么不让如意继承你的财产,如意好歹也是国外留学,见过世面的。"

刘三说:"继承和见过世面没多大关系,这继承主要是为了使我的财产得到广大,只有我们的财富多了,才能使我们的下一代不愁吃不愁穿,这就需选个好的继承人,而要做到这些,重要的是看悟性,悟性就是智慧,而智慧和学识多少是没有多大关系的,从我出的题目看,刘盈的悟性很明显比如意高很多。"

戚姬很认真地对刘三说:"就算你说的对,可是我听说,刘盈是张良给出的主意,现在你已经宣布刘盈是继承人了,你怎么办?"刘三说:"就算是张良出的主意,也说明有张良相帮,刘盈是能继承到我这偌大家业并能发扬光大的,为什么张良不帮你呢?"

戚姬幽怨地说:"难道你就这样看到如意穷困潦倒下去吗?"刘三动情地说:"这哪能呢?说心里话,我还是喜欢你娘儿俩的,我打算一次性给你们一大笔钱,先都放在你名下,再让如意兼个职,你娘儿俩的生活也不会愁的。"戚姬听了很满意。

可是谁知戚姬第二天把这些跟刘如意一说,刘如意竟然说出了一番话,让戚姬是如梦方醒。

2. 刘如意的税务规划

当刘如意听到母亲说刘三要给一大笔钱时,就问母亲:"你打算怎样领这一笔钱?"戚姬说:"都一起领出来吧。"如意说:"不行,你一起全部领出来,要交不少税的。国家是不请自来的第三者,我们的大笔收入都必须纳税,你没听说过纳税光荣、偷税可耻吗?"

第十三章
戚姬的税务规划

戚姬说："这么看来，我们不能去偷税，那怎么办，乖乖地去交税不就可以了吗？"如意说："如果是那样，我这些年的学不就是白上了吗？现在我们可以利用一些减免税等优惠政策合理规划，就可以少交税但又不违法，甚至可以使母亲得到一个好名声呢。"戚姬一听来了兴趣，对如意说："你说说看？"刘如意就认真地给戚姬讲了起来。

"比如那次你给父亲的演出，父亲就给了你8万的劳务报酬，税法规定纳税人取得应纳税所得额超过3万元，实行加成征收。你这八万若不进行任何规划，你得缴纳个人所得税18600，你问我怎么算的，你这算一次收入和月例银子不同，这一次的大额收入按相应的税率计算就是下面这个算法

$$80000×（1-20\%）×40\%-7000=18600$$

但是如果你通过户部向贫困地区捐赠30000元，那么你的能省不少呢？未扣除捐赠的应纳税所得额=80000×（1-20%）=64000元，因为捐赠不是全部扣除，有一个扣除限额，你捐赠的可扣除限额按现在税率算为64000×30%=19200元，由于实际捐赠为30000元，所以只能按19200元扣除。应纳税额=（64000-19200）×30%-2000=11400元

这样就比你用积攒下来的钱搞捐赠是好得多的，同样的钱，通过捐出一部分劳务报酬，可以抵扣一部分税，但是对外界落的好名声可是一样的，再说既捐了钱又可以给自己免一部分税，一举两得，何乐而不为？"

戚姬来了兴趣，对如意说："你这个方法很好，这样我也能多捐点钱，办点教育。还有什么可以避税的？你给我说说。"

刘如意说："比如，父皇给你们的月例银子，一般是年初大体估算下一年度用度，然后每月平均发给你们。如果当年父皇给你们估算应当给你发150000元，你每月收入为12500元，每月扣除标准为3500元，则每月应纳个人所得税为(12500-3500)×25%-1005=1245元。那么每月税后工资为11255

211

元，全年应纳个人所得税为1245×12=14940元。这里面就存在筹划空间。如可以将原工资收入分为工资收入与年终奖金两部分，按最大限度适用低档税率，即10%税率推算，假定每个月发放7000元工资，年终奖金最多可发放66000元，则每月工资应纳个人所得税：（7000-3500）×20%-555=145元，表明全年需要缴纳个人所得税1740元，而年终奖应纳税额为66000×20%-6660=6540元，则全年薪酬应纳个人所得税为1740 +6540=8280元。也就是说，税收筹划可为母后节税6660元"

戚姬一听来了兴趣，对如意说："你出国留学并没有白学，那你说我和你舅舅合开的一个厂子，到年终应该怎样给人们发工资，是不是也有说法啊。"如意说："按照新个税的规定，年终奖的计算中，一共有7个税率，由于不同的税率对应不同的全月应纳税所得额，也就划定出了6个区间，正是由于这6个区间的临界点，才导致了年终奖"多发少得"的情况。这些临界点分别是：18001元—19283.33元、54001元—60187.50元、108001元—114600元、420001元—447500元、660001元—706538.46元、960001元—1120000元。而企业的应对之策，就是在发放年终奖时要按整数发，要对照个人所得税的税率表，考虑除以12个月份，确定发放额，最好发足额的整数，也就是正好除尽，千万不要多发那1元钱！因为多发这1元钱反而得到少了。这1元钱就是年终奖发放传说中的临界点。"

戚姬高兴地说："你这个办法好，好的，回去我就给你舅舅说说让他这样给员工发工资。现在你把你的能少缴税的规划方法都给我说说，以后我也好和你舅舅说。"

刘如意谦虚地说："我也是根据我所学的书本知识给提个建议，但要想得到详细的了解，最好还是要找专门的理财师给规划规划，因为毕竟我这里书本知识比较多，而实践比较少。另一方面现在的税收法规也经常变化，我说

第十三章
戚姬的税务规划

的也是具体的原则和算法，但是有时国家出台新的税收规定，就要相应代入新的税率。比如，你还可以把职工的住房公积金多交点，这部分是不用交税的。对税务规划用一句两千年后时髦的话说叫与时俱进，比如你可以把一个人的收入改由两个或更多的人获得，或将原本一项收入改为多项收入，可以降低每个人或每项收入纳税时适用的税率，从而减少总纳税额。"

戚姬自语道："《后宫争宠秘籍》我本打算出一本算了，让你这么一说，我看还是出上中下三本一套，按本给我稿酬，那我就可以节约很多税了。""老妈，你都可以抢答了。"刘如意笑道，"什么抢答，还不是顺着你讲的东西顺竿爬，臭小子，赶快说还有什么别的避税方法，多说说你舅舅的企业怎么避税。"

如意说："企业避税那是一个大话题，没有半年的功夫是讲不清的，我就给你说点简单又实用的吧。"

"好了，你说吧，我听着呢，你别卖关子了。"

刘如意笑道："好，请听好。企业一个避税措施就是把收入项目福利化或费用化，说直白一点，就是将本来应当纳税的各种收入转化为福利或费用，可以减少应纳税基，从而降低应纳税额。我给你举个例子，我舅舅不是经常涉及到有安装工程吗，比如皇阿玛让舅舅的企业安装一项工程，总价200万，其中含设备采购费180万，如果直接自己提供设备和安装，那么他将纳营业税额 2000000*3%=60000,如果不提供设备，只负责安装，安装费才20万，那么应纳营业税额 200000*3%=6000，通过这一项税务规划就为企业节约了54000元的税额了。"

戚姬高兴地说："好了，我赶紧告诉你舅舅，这次我得让你舅舅给我长工资。"刘如意好奇地问："怎么，妈妈，你还在我舅舅的企业里兼职。"

戚姬笑道："那是当然，要不，咱娘俩怎么能有这么宽裕的生活。"如意说:"老妈,这个我可要给你好好规划规划。""怎么这个还用规划?"

"那是当然,因为工资薪金所得和劳务报酬所得同为超额累进税率,但是二者根据应纳税所得额的不同而适用不同的税率,合理地去利用这些税率差异,就能达到很好的避税效果。"

"那你给我算算,我现在从你爸这里每月得到 5000 两月例银子,从你舅舅那里有时可以得到 10000 两银子。"刘如意说:"如果你同我舅舅的公司存在稳定的雇佣关系,则你应将两处收入按工资薪金所得合并计算缴纳个税,那么当月你的应纳税所得额=(5000+10000-3500)*25%-1005=1870。如果你同我舅舅的公司不存在稳定的雇佣关系,那么你可以两处收入按工资、薪金所得和劳务报酬所得分开计算缴纳个人所得税。工资薪金所得应纳税额=(5000-3500)*3%=45,劳务报酬所得应纳税额=10000*(1-20%)*20%=1600,那么老妈的应纳税额总计为 45+1600=1645,能节约 200 多呢,我们可以搓一顿呢。"戚姬笑道:"就知道吃,好了,我把这税务规划要详细地和你舅舅说说。"

理财巧方法
草根刘三是怎样炼成的

第十四章

刘三的养老规划

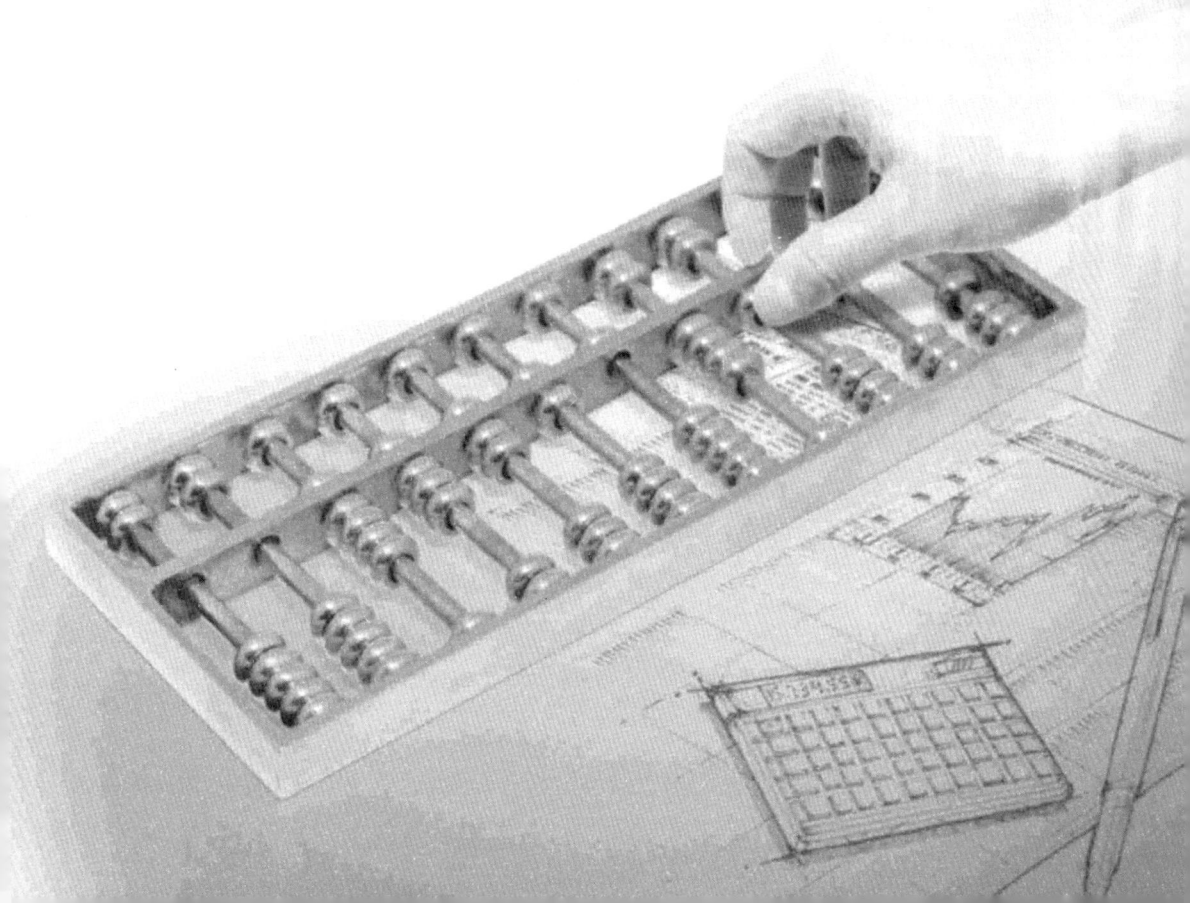

第十四章　刘三的养老规划

1. 理财师的道德风险

先不说戚姬在这里和如意商讨如何避税，再说当时的大理财师韩信，刘三的家业可以说有一半是他给挣下的，看到刘三成了世界首富，心中便有点心理不平衡，经常在外逢人便说："刘三的这亿万家财都是我韩信给挣下的，没有我韩信，刘三还是个穷光蛋呢。"韩信到处宣扬，这话就传到刘三的耳朵里了，刘三也不置可否地笑笑。

有一天，韩信碰到樊哙，就对樊哙说："没有我韩信，你樊哙只能当个饿死鬼，你吃饭再快，没有我韩信给你挣吃的，你还不是照样挨饿。"樊哙笑笑，也不跟韩信计较，可是这些话传到刘三耳朵里，刘三心里就很不痛快，心想，韩信这小子真不知天高地厚，你再有才，没有我给你提供的这个平台，你不还是什么也不是？真以为你有神仙一把抓的才能，就什么也能抓来啊，真不知自己吃几碗干饭的，不敲打敲打，你小子就要上天去了。

有一次，刘三和韩信闲谈投资，刘三说："你看他们贫穷的都是没有好好投资才弄成今日这样子。"韩信说："那不一定，他们有的虽然投资技术很好，但是没有平台施展，他们也不会成功。"刘三笑了笑："抛开平台不说，那你说我的能力是能投资多少资金呢？"

韩信说："三哥，你顶多能投 10 万的资金。"刘三接着问："那你呢？"韩信说："对我来说，当然是越多越好啊！"刘三笑着问："那你详细说说。"韩信说："三哥，你投资技术不行，投资理论更是二五眼，可以说对投资啥都不懂，给你 10 万，你去投资，如果歪打正着，你蒙上了，则可以小赚一笔，如果万一赔了，那也不过是10万，伤不了筋骨。而对我就不一样了，我懂得投资的理论，我也能把这些理论应用于实践，我且能在实践中灵活运用，且加以创新，所以对我来说，给我的钱越多，我挣得的钱就越多，正所谓，给我一个亿给你赚2000万，那是分分钟的事。"

刘三怪怪地笑道："那为什么现在我是天下首富,而你只是个小财主啊？"韩信说："三哥，我有一点不及你，那就是你特能用人，我们这些会投资的人，我们这些理财专家，你给予了充分的信任，这样就使我们能放开手脚，为你去拼命挣钱，你给我们创造了一个很好的平台，这些都使我们能死心塌地跟你干。另一方面对理财规划，你也舍得下本，不像有些土财主小家子气，给他们理财，让他们掏个咨询费也得费半天劲，且暂时赔钱时，你能不急不躁，沉得住气，这样就给了我们给你翻本的机会了。"刘三听了哈哈大笑。

刘三笑过之后很认真地对韩信说："你看我现在有这么多财产了，还需要做理财规划吗？"韩信说："三哥，你现在年纪也大了，你需要做一个遗产规划，虽然你把刘盈当作了你的继承人，但是如意也不能一点不给，你这遗产规划不好，等你百年之后，可能就是腥风血雨，我看你还是早早规划吧。"

刘三说："有那么严重吗？你现在还是大体给我说说遗传规划的内容吧。"韩信就开始滔滔不绝地说起来了，"遗产规划就是在人活着时通过选择遗产规划工具，将拥有或控制的各种资产或负债进行安排，从而保证在自己去世或丧失行为能力时尽可能实现为其家庭或个人所确定目标的安排。当然，这里面合理规划也能节省一部分税，但是遗产规划，节税不是目的。"

刘三说："你别说得这么玄，到时候把遗产全给他们就行了，还用规划什么呀，我死也不带去。"韩信说："因为每个国家对于居民的遗产都有相应的法律规定，像我们国家，如果没有立遗嘱，遗产将平均分配给子女和配偶，可是现实中，这和人们的期望又相差很远。就比如你吧，你百年后，是想让

第十四章
刘三的养老规划

吕雉和戚姬得的一样多吗？刘盈和如意分一样多吗？显然不是，可是如果你不好好规划，戚姬就有可能吃不上饭，刘如意也可能居无定所，这些当然是你不愿意看到的。遗产规划就是为了在你突然升仙时确保你的财产有一个适当的安排。当然，这些在你的有生之年，还可以根据你的目标期望、价值取向、投资偏好和财务状况等等的变化而重新改变遗产规划。"

刘三疑惑地问，"你说的遗产规划这么重要，这么好，那你怎么使遗产规划得到有效的执行？"韩信自信地说："你可以立遗嘱，有公正遗嘱、自书遗嘱、代书遗嘱、录音遗嘱、口头遗嘱，你可以在遗嘱中指定一人或数人作为遗嘱执行人，遗嘱执行人会按照遗嘱的内容对财产进行分割，以实现遗产的转移。遗嘱执行人会和法律机构、会计师、律师及所有受益人共同解决遗嘱人百年之后出现的所有法律财务问题。"

刘三听了说："打住，怎么立个遗嘱还这么麻烦，你说说还有什么别的方法吗？"韩信说："有啊，有一种叫做遗产委任书，你可以通过遗产委任书，授权他人代表自己安排和分配财产，从而不必亲自办理有关的遗产手续。"

刘三听到这里，高兴地说道："好吧，我就授权你代表我安排和分配财产吧，所有的都让你全权代理。"韩信说："这个遗产委任书有两种，普通遗产委任书和永久遗产委任书，如果你升仙之后或丧失了行为能力，普通遗产委任书就不再有效；而永久遗产委任书可以防范突发意外事件对遗产委任书有效性的影响，永久遗产委任书的法律效力高于普通遗产委任书。"刘三说："好，我就给你签个永久遗产委任书。"

韩信拿着永久遗产委任书就开始了对刘三的遗产规划的准备工作，他先来梳理刘三享有的财产所有权，包括他的合法收入，如薪金、存款利息、合法经营收入、红利、接受赠与或继承所得的财产、他的房产、存款和生活用品、收藏的文物、图书资料、大宗物件、汽车、游艇、私人飞机、金融资产，还包括刘三持有的公司有价证券、人寿保险单、信托产品、投资基金产品、公司股权、合伙权益。

看着给刘三核理的实物资产，韩信气就不打一处来，"刘三凭什么拥有三辆跑车、两辆游艇、两架私人飞机，这不都是我韩信给你合理理财，才让你这么富有的吗？"不想这些了，我再给他盘点盘点非实物资产。韩信又依法核理了刘三著作权中的财产权、专利权中的财产权、商标权中的财产权、发现权、发明权和其他科技成果权中的财产权、商业秘密权、债权等，又详细询问了刘三应缴纳税款的情况和应承担的债务。

韩信给刘三核理完这些财产，心中就想开了，"刘三要是没有我，他怎么会弄到这么多财产，还不是我韩信担惊受怕、战战兢兢、出生入死的给他挣下了这偌大的家业，到了现在了，他还不说给我分一部分，看来我得自己想法子了，借鸡生蛋是我的拿手好戏，我就要借刘三的这只鸡来给我多生几只蛋，反正现在有刘三给我的授权。

韩信就开始实施他的阴谋了。他先是说，为了查询银行存款的方便，把刘三预留银行的印鉴弄到手；又说为了计算刘三的日常应用，把刘三的存折也弄到手；又套取了刘三的密码，万事俱备了。

韩信开始了第一笔的转款，把刘三的钱转到了自己的证券账户，心想，刘三要发现了，就说是替他多赚点钱，要是没发现，赚了的钱就是我的，他的钱，我再原封不动地给他转回来就是了。也是韩信的点子正，正赶上刘三出去旅游，韩信的胆子越来越大，他做得自以为人不知鬼不觉，可是他不知道的是，若想人不知，除非己莫为。

这时，早有一只眼睛正一眨不眨地盯着韩信呢，这个人就是吕雉。

自打刘三把遗产委任书给韩信的时候，吕雉就开始注意上了韩信，"好你个韩信，不老老实实地在家享清福，我们家刘三已经给你的咨询费不少了，

第十四章
刘三的养老规划

怎么你还惦记着我的这些家产，你小子给我好好干倒可以，若是给我们玩什么花花肠子，看我不收拾你。"

等到吕雉听到韩信有挪用刘三资产的风声，就暗中让萧何去调查，萧何一查果真如是，韩信把钱挪用了有一半了，不过挪用的这些钱在股市上也赚到了不少的钱。

萧何对吕雉说："不行，让我私下敲打敲打韩信，让他把这些钱给还上就得了，毕竟韩信是立过大功的。"萧何想的是，通过这事，私下敲韩信一笔。可是吕雉听了以后直摇头，"不行，现在不是钱的问题，而是忠诚的问题，是诚信的问题，这股歪风断不可长，如果没有了诚信做基础，再多的钱财也会轰然倒掉的，必须给韩信一个了断。"

萧何说："可是三哥旅游在外，韩信不听我们的怎么办？"吕雉说："这个简单，就说刘三在外面赌了个石头回来，价值有几千万，不好确定，让他来给鉴定鉴定，好列在遗产清单中。"

萧何到了韩信那里，对韩信说："大师，三哥从外地寄回一块玉石，说价值几千万，你给估估值，也好记入到财产目录中。"韩信说："我也不懂石头什么的，还是不去了。"萧何说："谁又是什么都懂的，咱们一起去看看嘛，再说这个也得记载到遗产目录里不是，现在你管着三哥的遗产规划了不是，你不去哪成。"

这样，韩信被萧何连拖带拽的就拽到了吕雉这里。韩信一到吕雉这里，一看哪有什么石头啊，只有绳索，来到吕雉这里就被捆上了绳索，韩信说："冤枉啊，我没犯什么罪，甚至还有功于你刘三家，为什么绑我？"

吕雉笑道："韩信，你应当知道，若要人不知，除非己莫为，你小小年纪不走正道，我们家刘三那么信任你，可是你却背着三哥把他的财产挪用了。"

韩信说："他那些钱有大部分是我给他挣的。"吕雉说："你说的不假，可是当时我们让你做理财规划,理财咨询都是给你付了费的,韩信你应该知道,端着自己的碗吃别人碗里的饭,最后会打坏自己碗的。你也应该知道端什么样的碗吃什么样的饭,你更应该知道,你八两的命就不要去享一斤命的福,那样会折寿的。"

韩信说:"你给的那点咨询费够干什么的,我给你挣了这万贯家财就有我的一份,我如果早点下手,这万贯家财就姓我韩了,而不姓刘了,唉,到现在我什么也不说了,俗语说的,狡兔死,走狗烹,高鸟尽,良弓藏,敌国破,谋臣亡,你爱咋地咋地吧。"

吕雉说:"韩信,你真是愤青,你枉活50岁,没有了兔子,我还会用你这狗看家的,可是你是只好狗吗?狗是忠实于主人的,而你是只白眼狼,没有兔子追了,你就来吃我喂的鸡,难道你不是这样干的吗,你以为你是只忠实的狗吗,你是猪狗不如的白眼狼!"韩信听后,气绝于胸,我堂堂男子汉,不能受辱于妇人之口,说完竟触柱而亡,众人唏嘘不已。

等到刘三回来,听说了韩信的事,且喜且怜,"韩信,怎么就这么想不开呢,毕竟他给我挣到了这么大的家业。"

2. 刘三的遗产规划

韩信的这个事给刘三带来很大的刺激,也促使了刘三的反思,到底要选择什么样的理财师,我这偌大家业是理财师给我规划出来的吗?这几个问题辨别不清,人们一是不能正确认识理财师的作用,二是理财师容易造成心理不平衡,从而造成坑爹的现象,刘三觉得有必要统一大家的认识。

很快到了元旦,新年伊始,万象更新,刘三召集大家开茶话会。在茶话会上,刘三提出了一个问题,"大家认为我这偌大的家业是怎么得来的呢?你们不要对我有什么隐瞒,都要说真话。"

第十四章
刘三的养老规划

王陵回答说:"三哥,你性情傲慢,好侮辱人,大大咧咧,表面上显示毫无城府,貌似忠厚,这样就和我们大家拉近了距离,显示了和我们平等相处。当然光有这一点是不够的,有很重要的一点是其他人做不到的,你赚了钱就和大家分享,你常说财聚人散,财散人聚,你这样就使大伙都愿意卖力气给你干活,人心齐,泰山移,这就是你能得到偌大家业的原因。"

刘三笑了说:"你们只知其一,不知其二,运筹帷幄,细致谋划,准确预测,谁也比不上我的张良大理财师。前台拼杀,灵活处置,抬升拉高,坐庄打压,谁也比不了我的韩信大理财师。弹药准备充足,让我能自由应对千变万化的投资市场,谁也比不了我的萧何大管家。而他三人能为我所用,如果单独拿他们一个出来,没有我给他们创造的这一个大平台,他们也不能单独成事,所以说,每个人都要知道自己的长处所在,能力所在,并且要能找到个好领导,我就是这样的好领导,能充分发挥每一个人的能力,给了他们一个大的平台,但是每一个人都要有自知之明,老子在《道德经》中曾说过,知足者富,也只有这样,才能使我们常保富贵,而不是像韩信这样丢了区区性命。"

下面的人都高兴地说道:"刘总说得对,我们一定各司其职,积极进取,为自己创造一个美好的未来。"刘三满意地笑了。

这时刘三看到张良正在打坐,心说:"很另类啊。"刘三对张良说:"我说张大理财师,干吗呢?"张良说:"我正在练习辟谷,学习导引之术。"

刘三说:"人生不过百,何必自己这样苦自己呢?人生得意须尽欢嘛。"张良笑了说:"我比不了三哥追求亿万家财,我追求的是神仙的生活。无欲无求,长命百岁。"刘三似有所悟,对张良说:"我的大理财师,现在你还不能去休息,我还有一件心事未了,你得帮我。"张良问:"三哥,你有什么心事未了,说说看。"刘三说:"韩信最后想坑我一把,幸亏萧何他们识破了他的奸计，我想让你来给我做遗产规划。"

张良说："像三哥这种情况，家大业大，像你这样的遗传规划实现的目标又很多，不如订立一份契约，在法律上叫做遗产信托，这是一种法律上的契约，当事人通过它指定自己或他人来管理自己的部分或全部遗产，从而实现各种与遗产规划有关的目标，它有很多的作用，可以作为遗嘱的补充来规定遗产的分配方式，或用于回避遗嘱验证程序，或增强遗产规划的可变性或减少遗产税的支出。"刘三说："好了，我相信你，你就看着给我办好这遗产规划吧。"

张良很快就投入到了刘三的遗产规划中。好在刘三的个人情况记录、计算和评估遗产价值这些前期的工作，韩信都已做好，张良省了不少力气。到了确定遗产规划目标的时候了，张良给刘三开了一个清单，让刘三详细解答这些问题：

（1）遗产所有者的继承人名单及每位受益人获得的遗产份额。

（2）确定遗产转移方式，将遗产转移成本降低到最低水平。

（3）债务数额大约有多少，以留足充足银行存款予以偿还。

（4）遗产清算人员。

（5）是否留家庭储备基金？留多少？

（6）半年还是一年时间检查或修改。

刘三看到了这个清单很满意，但是有的地方有点不太明白，他就问张良，"留家庭基金是怎么回事？"张良郑重地说："像你这样的大家庭，是需要留出一笔钱作为将来家庭的发展基金的，因为你不能保证你的子孙都和你这般有才能，你也不能保证你的家族也一直如此的富有，而在家庭富有的时候，拿出一部分作为家庭发展基金，通过专业人士的投资运作，使家庭发展基金保值增值，以后刘氏家族谁家有困难，就可以通过基金来资助，这样子孙就

第十四章
刘三的养老规划

可以常保富贵,这是万世的基业,是需要你仔细考虑的。"刘三满意地点点头。

"你的这个建议很好,我一定会预留出一大笔钱作为家族发展基金的,也使我的后代能沐浴在我的恩泽中。对了,还有一件事你得给我讲明白,为什么规划还必须定期检查和修改啊?"

张良说:"因为政府法规和市场环境是经常会变化的,遗嘱也应该进行定期检查和修改,以降低成本,满足不同时期的需要,再者说,你的财务状况和规划目标也往往处于变化之中,而遗产规划必须能够满足不同时期的需求,所以对遗产规划的定期检查和修改是必要的,只有这样才能保证遗产规划的可变性。"

刘三听了恍然大悟,"好的,张大理财师,看来我的遗产规划让你来做还真是选对了人,今后你就全权负责了。"

接下来的事就很简单了,张良和刘三共同定好方案,刘三百年后,张良完全按刘三的遗产规划方案执行,保住了刘家400年的富贵生活。当然这是后话,在处理完刘三的后事后,张良又想起了自己修仙的计划,打算开始修仙。可是张良的名气太大了,尤其是人们看到他帮刘三挣得的偌大一份家业,又把这偌大家业平稳地交到了刘三的后代手中,人们纷纷来找张良做理财规划,搅扰的张良哪里还有修仙的时间和心情啊,张良很不爽,做名人难,做名男人更难啊。

可是张良就是张良,几天后他想到了一个方法,不但把自己从这些纷扰的事情中解脱出来,还满足了大多数人的理财需求。若想知道张良想出什么方法,下回书再说。

理财巧方法
-草根刘三是怎样炼成的-

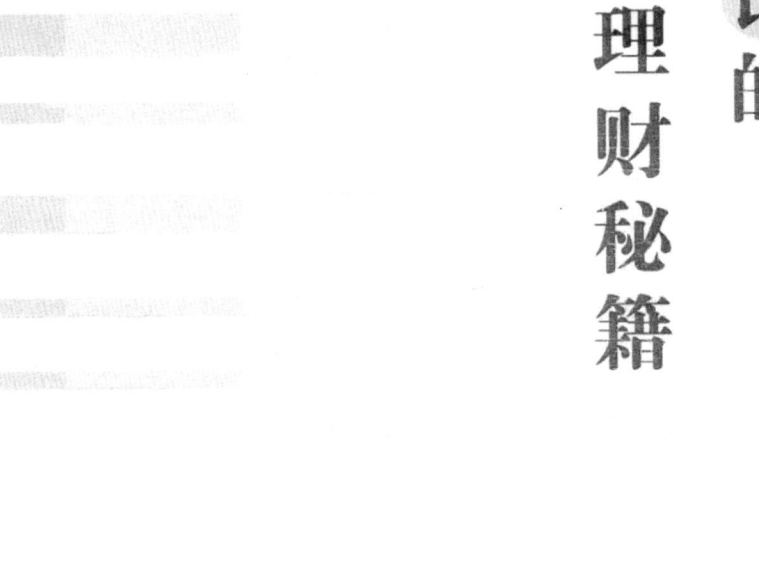

第十五章 张良的理财秘籍

理财巧方法
草根刘三是怎样炼成的

第十五章　张良的理财秘籍

1. 理财当中巧记几个数字

上回书说到，张良不胜人们求其做理财规划的烦恼，使其不能尽心修仙。况且在给他们做理财规划时，人们对自己财产方面的事，有时也不愿说得太详尽，这样张良给的规划有的和当事人自己的目标可能会有一些差距，也造成张良的一些信誉损失。

张良想到，如果我把一些实践经验告诉他们，让他们自己根据自己的情况做一下理财，自助理财，这样设计出的理财规划可能更适合于他们。

张良不愧为大师，几个比例数字就搞定了许多人理财中的难题。下面是张良给出的比例。

"4321 定律"——合理安排家庭收入

这个数字定律指的是家庭理财中资产配置的合理比率。"4"是指收入的40%，用于供房及其他项目的投资；"3"是指家庭收入的30%，用于家庭生活开支；"2"是指家庭收入的20%，用于银行存款以备不时之需；而"1"则是指家庭收入的10%，用于投资保险。

比如你的家庭月收入为1万，按照"4321"定律，合理的资产配置应是供房或者其他证券投资加起来不要超过4000元；生活开销控制在3000元左右；要保证有2000元的紧急备用金；家庭总保费支出在1000元左右。

本定律只是一个大致的收入分配模型，不同家庭的具体配置会因各自风险偏好、近期目标、生活质量设定等因素有所变动，应综合考虑，最后的比例还是自己最了解自己。

"72定律"——速算投资回报期限

"72"定律可以简单测算出投资后本金翻一翻所需要的时间。按照投资后不支取利息、利滚利的投资方式,投资本金翻一翻所需要的时间等于:"72"除以年收益率。

如果你目前在银行存款10万元,按照年利率3%计算,那么10万元增值成20万元所需要的时间为:72/3=24。也就是说约24年后你的存款会达到20万元;假如你的年收益率达到5%,按照上述公式计算,则实现资产翻倍的时间会缩短为14.4年。

为了加快你的财富增长速度,就需要合理组合投资,使组合投资的年回报率在可承受的风险范围内达到最大化,这样你财富翻番的时间就会很短。

"80定律"——炒股风险看年龄

这个数字定律告诉我们,如何掌握投资股票占总资产的合理比重。即用80减去你的年龄再乘以100%。公式:股票占总资产的合理比重=(80-你的年龄)×100%

30岁时股票投资额占总资产的合理比例为50%。计算公式为:(80-30)×100%=50%,同样计算,50岁时投资股票的比重应调整为30%为宜。

这个定律是针对同一个人而言,随着年龄的增长,抗风险的能力会相应降低,因此投资股票的资产比重也随之降低。本定律只是一个大致的经验比例。需要说明的是,风险承受力因人而异,股票投资比例要根据自身情况灵活掌握,如果是老股民,有很多的投资股票的经验,那这个定律就不适用了,要是巴菲特那就更不适用了。

"31定律"——房贷还款细谋划

这个数字定律针对的是购房贷款的还款额。每月用来偿还购房贷款的数额以不超过家庭月总收入的1/3为宜。

第十五章 张良的理财秘籍

你的家庭月收入为 2 万元，月还款数额的警戒线就是 6666 元。

本定律可使你在满足购房还贷的同时，避免沦为"房奴"，有效提高生活质量。

"双 10 定律"——保额保费要打算

双 10 定律指家庭设定保险保障的恰当额度应为家庭年收入的 10 倍，而保费支出的恰当比重应为家庭年收入的 10%。

如你的家庭年收入为 20 万元，家庭保险费年总支出不超过 2 万元，该保险产品的保额应该达到 200 万元。

本定律对投保有双重意义，一是保费支出不要超限，二是衡量我们选择的保险产品是否合理。简单的标准就是判断其保障数额是否能够达到保费支出的 100 倍以上。

张良把这些年自己摸索出的一套理财比例无偿贡献出来，获得了人们的好评，张良有一种实现自己抱负的满足感。

2. 啥时候买卖得告诉你

张良把这几个比例告诉了人们，人们觉得张良真是专家，啥都懂。

张良心里苦笑着，这几个比例只不过是人们在理财中得出的几个经验值罢了，告诉人们，我又少不了什么，只有知识越传收益的人越多的。张良正洋洋得意地想着呢，这时陈平来了。

张良笑着说道："陈平啊，我给你写的几个比例你觉得怎样啊？"

陈平嘿嘿一笑，"不怎么样。你给我几个比例有什么用，也不能发财，我要的是能发财，发了财，我说什么比例就是什么比例。我倒是有点基金，也有点股票。但是我有一个问题想请教你，我的基金、股票什么时候卖合适？你不要告诉我在高点卖就行。你前面说的千言万语，我觉得你还是留一手的，

理财巧方法
-草根刘三是怎样炼成的-

我大中华的智慧，猫教老虎留一手，你咋就改不了呢？"

张良给了陈平一个白眼："教会了徒弟，饿死老师父，你不会不知道吧？会买的是徒弟，会卖的才是师父。我全告诉你，我吃谁去？你想饿死我啊。"

陈平大声嚷嚷道："好你个张良，你不告诉我，我就大声地给你嚷嚷出去，让人们看看你张良也不过是欺世盗名之辈，让以后的历史记录下你这狗头军师的大名。"

张良赶紧左手指向右手掌心做了一个暂停的手势，"我怕了你了，我给你说实话吧，基金、股票在哪一点卖，我也预测不那么准，如果我能预测的那么准，是不是我的财富比三哥还要多？你看那些电视上的股评家，他们说得头头是道，该买什么股票，什么时候买，什么时候卖，都说得天花乱坠，又是技术分析，又是基本面分析，如果他们能做到那么准的预测，他们还用每天上电视辛辛苦苦地做股评吗？还有市场上的软件什么的，又是这么分析，又是那么分析，如果真这么管用，按软件买卖不就行了吗，这么管用，谁又舍得拿出来供大家使用？再进一步说，这些都十分精确，准确无误，那么每一个人都如此操作，那么去赚谁的钱呢？你要知道股市可是零和博弈。所以你不要相信什么时间点买和卖，这没有一定之规的。像你这么聪明的人，不会不知道吧？"

陈平低头想了想，觉得张良说的很有道理，可是再转念一想，不对啊，股市上还有七赔二平一赚的说法呢，那一赚不就是说的买卖点对了吗？

想到这里，陈平不客气地对张良说："好小子，我都要被你忽悠傻了。你说什么没有买卖点，那在股市上说的七赔二平一赚，那一赚这么说？你少给我戴高帽，南京到北京，谁也没有你张良精啊。"

张良也笑了，"你不愧是老狐狸，我这么给你说，你还找出我的破绽来了。看来我不给你弄点真东西是交代不过去了。但是有一点你要记住，钓鱼的理

第十五章
张良的理财秘籍

论谁都能说上几条，可是真正能钓大鱼的人不多。"

陈平哈哈大笑起来，张良也跟着呵呵笑了，"张良，你把你这些年选买卖点的技巧给俺指点指点，俺就很感激你了。"

张良叹了一口气说道："好吧，我给你说，可是有一点，到时候你赔钱了，不能怨俺。"

陈平拍了一下胸脯，"那是当然，赔了钱不怨你怨谁？你把你的真材实料教给俺，肯定不会赔钱的。"张良用腿踹了一下陈平，陈平赶紧嘻嘻地躲过一边，给张良鞠了一躬，"大军师，快进入正题吧，我赔了钱就是怨你，也不能从你的包里掏钱出来啊。"

张良笑着说道："你说的也是。好吧，我就把这几年平时积累的经验告诉你吧。但是有一样，法不过六耳，你不能再给我传出去。"

"快别啰嗦了。"张良两腿盘在炕上，就和陈平面对面的摆起了龙门阵。

"我先给你讲讲基金吧。我以股票基金为例说吧，毕竟股票基金的波动还是很大的。股票基金的买点，要去看股市。说句无比正确的废话就是要在股市的低点买入。

"在股市中，每一轮的牛熊转化都会有一些股评家点评现在是政策底或者市场低。当然如果你认为他们都是骗人的，你也可以自己去看股市，股市在低点有一段时间了，交投量不活跃，每天的交易额都很低。从 6000 点到 1000 点，从每天的股市大盘走势图你就能很明显的看出来。"

"股票基金虽然和股市联系紧密，但是股票基金波动和股市相比又平缓了很多，所以说你在熊市的中后期买入股票基金，持有一段时间，你将会有丰厚的回报的。"

"可是在熊市中，你知道它熊多长时间，谁又敢买呢？"陈平自语道。

张良打断了他的话，"对啊，别人贪婪我恐惧，别人恐惧我贪婪。这句话用在基金上照样起作用。但是我们在实际中经常看到的往往是股市已经是牛市了，别人已经赚钱了，他才想起买基金，那一成的人就是在熊市中买基金的人，那九成就不可预知了。

那股票基金什么时候卖呢？你也不知道什么时候是高点，其实我也不知道什么时候是高点。那么谁知道呢？市场知道，市场会告诉你。怎么告诉你？那就是你要时时关注股市的点位，当你发现股市的点位天天向上，而这时，不但你持有的股票基金净值不涨反落，有很大一部分股票基金净值也是这种情况，那么你就要毫不犹豫地卖掉它。"

陈平抬起头问张良："这有什么道理呢？"张良嗤的一笑，"你傻啊，股市的点位一直上涨，而股票基金的净值不跟着涨，说明什么问题？说明那是有人在引诱散户或者叫傻户接盘呢。春江水暖鸭先知，股票基金就是那只鸭子，它不是在股市向好时告诉你，而是在股市要到顶时会告诉你的，水向前流它向后退，赶紧扯呼吧。"

陈平眨了眨眼，对张良说道："股市中，这么多股票你怎么去分析买卖点呢？听人们说股市中一个波浪一个波浪的，有什么波浪理论，那怎么才能跟上波浪呢？"

张良又笑了，"陈平，要不说你就是个投机分子呢？什么浪啊浪的，那对大庄家来说那是浪，浪和浪之间是什么，是不是一个大坑？那才是给散户预备的。"

陈平瞪大了眼睛，"张良，你说详细点。你的思维像高铁一样狂奔，我的思维像蜗牛一样紧跟。你能慢一点吗，否则我看不到你了。"

张良掰着手指说道："在炒股理论中，有一个很牛的理论，那就是波浪理论。波浪理论的逻辑是怎么样的？庄家或者说大户买股票，股票就会涨啊，散户看到股票涨，就跟着买啊，因为人们都有买涨不买落的心态。大家一同

第十五章
张良的理财秘籍

就上了轿子了。这时的庄家大户看到这么多人上了轿,兴奋啊,快速地拉升。外面的评论也会跟着来啊,这只轿子又快又稳又美观,赶紧上啊,来晚了上不去了。更多的散户上了轿,庄家大户愿意抬吗?抬得动吗?你上轿子是需要轿钱的,庄家大户看看该收钱了,就会猛跑,然后把轿子翻掉,你们散户不就掉到坑里了吗?"

"这时掉到坑里的散户有的扔下轿钱就下轿了,可是仍有些散户紧紧地把住轿子不放,不下轿啊!怎么办,轿子是庄家大户的,还得抬啊,这时是不是轻松多了?然后股票的价格又是一个轮回的涨落。在一次次的轮回中,庄家大户赚足了银子,轿子也破了,他们就会弃轿而去,这时的散户就全被闷在轿子里,被人狠狠地扔到坑里了。所以对散户来说,要用你暂时用不着的钱在股票跌破净值,跌破发行价,股票的成交量极度萎缩,这时候找个低点买进去,你就等着他们抬轿吧,你总能坐上轿子的。"

陈平又问道:"我怎样才能跟上庄家大户平安下轿,而不是被他们扔下坑呢?"

张良说道:"这就需要你随时注意,看到抬轿子的人要收钱了,赶紧下轿。否则等到抬轿子的人收钱时,你想跳下来都不能了。具体地说,成交量放大,而涨幅缩减时,这时你要注意了,这是一个征兆。还有就是这只股票主力资金流出,股价不跌反涨,这时也要注意了。这些情况一般就是他们要收钱了。"

陈平问道:"在震荡市中又该如何操作?"

张良说道:"在大幅的震荡市中,低开缩量第二天起底时可加仓,在高开放量,涨幅缩短时可减仓,记住永远五成底仓不动,做高抛低吸,这样你进可攻,退可守。"

陈平高兴地说道:"听君一席话,省我十本书啊。"

张良不屑地说:"陈平,先不要这么说,像你这样三步留不住屁的毛躁脾

235

气是发不了财的。"

陈平不服气地说道:"机不可失时不再来,我这脾气正好可以抓时机炒股票。"

张良语重心长地说道:"炒股票要注意该急的时候急,该慢的时候慢,该等的时候等。要像壁虎那样,平时趴在墙上一动不动,蚊子一旦出现就立即把它吃掉,然后恢复平静,耐心等待下一个机会的出现。你先练十年壁虎功,再去炒股吧。"

陈平哈哈笑道:"我一定听你教诲,等我发财了,我请你吃水饺。"

3. 张良最后的忠告

张良完成了以上工作以后,觉得终于可以松一口气了,可以找一个幽静的地方,去辟谷,去过神仙样的日子,可是终究有一些事老是觉得放不下。

把这些年的投资经验教训留传下去,让后来人在投资领域少走一点弯路,当然这些经验教训可能一些人有了切身体会可能才会认识到重要性,先不要管他,先把自己的经验教训写下来。

了解自己。这是投资的第一要义,知人者智,自知者明。胜人者有力,自胜者强。知足者富,强行者有志,不失其所者久,死而不记者寿。老子的这几句话概括了投资的精要,了解自己才能明了投资,可是要了解自己又是很难的,因为一个人随着时间的变化可能自己的思想也会变化,自己还有后悔事呢,这就说明了了解自己的难度。但是在投资领域了解自己还是可以找寻的,要了解自己在什么时间需要多少钱,要明了这些,这是第一步。

第二步要明了自己可投资的资金。自己的闲钱、闲时间是多少,自己对投资工具的了解有多少,自己可以咨询的理财专家渠道有多少,了解了这些就为下一步投资打好了基础。

选好投资工具。是买股票，还是投资基金，还是银行存款，其实在这几种投资工具间不必去选投资什么，重要的是要和当时的市场环境相匹配。在投资市场低迷时，股市的点位很低的时候，也就是说的人们恐惧时，你要大胆地疯狂地买入蓝筹股，在人们都疯狂地买入股票时，你这时就需要恐惧了，把你手中的股票果断卖掉这是你唯一的选择。卖掉股票，这时你可以把钱存入银行，也可以买债券基金，这时就不要去跟风炒股票了，等到股市点位降下来，这是有一个周期的，这时再把存银行的钱或者基金的钱取出来买股票，这样的一个周期，你踩对点，想收益不高也难。可是大多数人是做不到的，因为人们都是买涨不买落，落下来了，就等着，这是不对的。这几步，你踩对哪个点都是可以有收获的，怕就怕你不去踩点。

现金为王。任何时间都要能有充分的子弹可以应用，这样就要定好止盈和止损，只有如此你才有翻本的机会。

张良想了想，股票是风险高收益高的产品，人们为了能多赚点钱多数还是投资股票，不妨把自己总结的投资股票的"八要八不要"告诉给后来的人吧。

八要：

一、要有主见，三思后再决定：是否应该买进？如果是，在哪里？什么行业？什么时间？

二、要有足够的资金，对自己不利时可以及时调整。

三、要有耐心，因为任何事情都不可预期，发展方向大多会和大家想象的不同。

四、要相信自己的判断，并执行自己的判断。

五、要灵活，并时刻考虑到想法中可能有错误。

六、要时时查看购买的股票清单，并检查现在还可买进哪些股票。

七、要看到远大的发展前景时，再买进。

八、要考虑所有风险，甚至是最不可能出现的风险，也就是说，要时刻想到有意想不到的因素。

八不要：

一、不要跟着建议跑，不要想能听到秘密信息。

二、不要相信市场中其他人比自己知道的多。

三、不要想把赔掉的再赚回来。

四、不要考虑过去的指数。

五、不要不断观察变化细微的指数，也就是说不要对任何风吹草动都做出反应。

六、不要在刚刚赚钱或赔钱时做最后结论。

七、不要只想获利就卖掉股票。

八、不要在情绪上受自己好恶的影响。

张良总结到这里，心里说，但愿人们能从这些经验中得到教训，仁者见仁，智者见智，兵书战策流传下这么多，不也是有许多人打败仗吗？具体到投资还是要靠人们自己去悟。我也管不了人们了，我还是自己练习辟谷，过神仙样的日子吧。

后　记

终于把这本书写完了，希望读者能对理财有一个初步的认识。理财是一门大学问，博大精深，而对理财影响最大的还是我们在金融市场上的投资。投资到股市、债市还是储蓄，怎么投？我想读完本书的读者可能已有一个大体的适合自己的判断。

当我把初稿给我的朋友看，朋友对我说，你在里面说的理财不少，但是人们更愿意通过股票投资多赚点钱，以便理财时可以有更大的自由度，我深以为然。

但是现在市场上介绍在股市里怎样赚钱的书用汗牛充栋来说一点也不为过，这里面有讲技巧，有讲怎么赚大钱的，其实在笔者看来，股市在某种程度上来说就是一个零和游戏，有人赔有人赚，人们对股市的变化趋势有不同的解读，从而使股票价格起起落落，也就使得有人欢喜有人忧，尤其是在股市的冬季里，更是忧比喜多。

虽然是这样，我的朋友最后还是建议，让我把这些年在股市里摸爬滚打的经验给大家介绍一下，以便让更多的人通过股市的投资，得到更多的财富。我也就勉为其难，下面我就以通俗的语言来讲一讲，怎样投资股市，毕竟在理财中，在股市中投资赚钱是其中一项重要的部分。

因为小时候在农村长大，看到农民伯伯每年辛辛苦苦地种下种子，可是有人获得丰收，有人却歉收，有人今年丰收，可能明年又会歉收，如果你去仔细研究这里面的道理，你就会发现很有意思，你会发现这和我们投资的道理是相通的。

农民种的这块地就相当于我们手里的资金，我们的资金怎么投，就犹如农民在这块地里种什么种子。农民会根据预测得到的未来天气变化来选择种棉花，还是小麦。

当然你可能会问，农民怎么去预测？在农村人们每年请的灶王爷上，一般都会印有一龙治水或是九龙治水，一般一龙治水就是风调雨顺之年，九龙治水往往预示着来年干旱。当然这样的预测可能是不太准确的，但是农民凭着世世代代的观察积累，在这方面还是积累了不少的知识的，在干旱的年头农民就会去多种棉花。

这就犹如我们投资，未来的一年是投资股票，还是债券，还是银行储蓄，我们每个人可能都会根据当下的经济情况以及未来经济形势的变化，做出自己的判断，而这种长时间的判断，还是有一定准确率的。

比如，国家经济形势的变化，西谚有罗马不是一天建起来的，我们有冰冻三尺非一日之寒，这些都说明了大的经济形势是有迹可循的。举一个我们判断经济形势常用的指标——利率来说，利率下调意味着放松银根，给经济注入活力，经济形势就有可能好转；利率上调意味着国家将要给过热的经济踩刹车，我们就可以根据这些情况来预测未来一年的经济形势，从而根据经济形势选择自己要投资的品种，是把钱放到股市，还是债市，还是放到银行储蓄。

明了种什么了，那么我们就要开始选优质种子了。选种子也是一个技术活。农民选种子当然是挑颗粒饱满的，但是这项工作在留种时就开始做了，农民会在留种时选择长势强的地块去留种，种子下来会把一些不饱满的剔除出去。

这就和我们具体选哪一只股一样，这只股不但要业绩好，有发

后记

展潜力，这是基础，更重要的是在前期表现中，它的股价是强势的。这种强势不是价格超高，而是在以前这只股的股性活跃，有很强的赚钱效应。牢牢把握住这两条，你不想赚钱都难，所以说我们选具体股票时，不仅要看到当下，还要看这只股票以前的一些表现。股票价格的历史走势一定会在以后的走势中有所表现的。

选对时间好下种。选好了种子，什么时间下种，这里面有学问。冬天种棉花，肯定是出不了苗的，可是如果在立冬前种下小麦，虽然麦苗在一冬季里不见得怎么长，甚至看上去还半死不活的，可是到了来年芒种，却是能收获很多小麦的，这就是要在适宜的季节种下适宜的种子。而搞投资也是同样的道理，也就是说要在适合的价位，适当的时机，你要迅速投下你的资金，不能错过季节。

有农谚说，人误地一时，地误人一年。投资同样的道理，你错过了时机，你的收成就会不一样，有的不但不能丰收，可能还颗粒无收，那么在投资上，投资的节气怎么去掌握？用巴菲特的话讲，在别人恐惧时贪婪，在别人贪婪时恐惧，这只是股市投资季的一个表现，投资季的另一个表现就是股价的超跌。股价远低于其内在价值时，你就要毫不犹豫地去投。有了这两点，你就可以识别出投资季了。

收获是一门大学问。股市里有一句话会买的是徒弟，会卖的是师傅。而农民种地，季节到了，农民看到农作物熟了，就把农作物收割下来，收获就行了。农民的庄稼熟了，农民可以很明显地看到庄稼熟了，我们的投资在股市里难道就看不出来吗？

不是看不出来，我们每个在股市里摸爬滚打的人可能都经历过，我如果那时卖了能赚多少钱，而可惜的是自己当时没卖，到了现在反而钱都亏掉了。这就是贪。其实我们在投资中也是会发现我们的收获季的。股票价格都高到了很多，我们却舍不得卖，那你能不赔吗？所以说在股价涨到一定程度时，也就是通常所说的止盈点，这时就要毫不犹豫地把它抛掉，你就得如此，才能有所收获。

可能有人会问你，止盈点怎么设置？可以参照该只股票在历史中它大约涨到原股价的百分之多少，开始走入下降通道，根据这个价格估算自己在什么价位抛出，所以说，该收获时一定要收获，不要等到狂风暴雨来到，使你不能得到果实。

顺势而为和逆天操作。顺势而为很好理解，就是顺应大势，在一定程度上，尤其是在投资方面不要迷信自己的能力，认为自己无所不能，去顺应大势，去顺应外面春夏秋冬的大势，该生发时生发，该成长时成长，该收获时收获，该收藏时收藏，因为你个人的力量是左右不了大势的，只有顺势而为，才能取得好的收成。

再说逆天操作，在农村，种大棚可以说是一个逆天操作的代表，本来在北方的一些地方，冬天是不长西红柿、茄子的，可是一些地方通过在大棚里种植蔬菜，反而在冬天里让很多人能吃上新鲜的西红柿、茄子，"逆天操作"不也收成很好吗？

其实人们只是看到了一些表面现象，在农村种塑料大棚需要很大的成本，这样的成本并不是每家都能负担的，这只是其中的一方面，而另一方面更加重要的是种植大棚你得有高超的技术，没有高超的种植技术，是会赔钱的。在农村有个地方，曾号召人们家家种大棚，结果技术上没跟上，造成很多人种植失败，以致当地出现了"要想穷，种大棚"的说法。

这就说明你想要逆天操作，你得有逆天操作的本事，同样在投资中也是如此，你不去顺势而为，而总想着逆势而为，那你首先得有高超的技术分析、全面的信息来源、敏锐的头脑和足量的资金，而这些对大多数投资者而言是可想而不可及的，所以说对一个普通投资者而言，还是应顺势而为。

记住顺势才是你投资生涯中要经常去做的事。

理财巧方法
-草根刘三是怎样炼成的-